F P

■ 事業承継・M&A

目 次 contents

第3章　事業承継対策

第1節　自社株対策の考え方

第2節　株数対策（所有株式の移転）

第3節　株価対策（評価額の引下げ）

第4節　納税資金対策

第4章　M&A

第1節　事業承継としてのM&A

第2節　FPとしてM&Aへのかかわり方

第 5 章　廃業

第 1 章

事業承継の必要性

中小企業における事業承継

① 事業承継とは

　2025年までに、経営者が70歳を超える中小企業、小規模事業者の経営者は約245万人となり、うち約半数の127万が後継者未定である。現状を放置すると、中小企業廃業の急増により、2025年までの累計で650万人の雇用、22兆円のGDPが失われる可能性がある。これが2017年に経済産業省が公表した2025年問題であり、間もなく2025年を迎える現時点においても、事業承継問題が重要な社会課題として語られるときの数字的な根拠となっている〔図表１－１〕〔図表１－２〕。

　改めて、事業承継とは、現社長から後継者に「事業」を「承継」することである。上場

〔図表１－１〕休廃業・解散企業の業歴別構成比

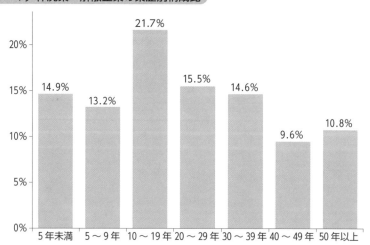

出所：「中小企業白書2021」中小企業庁

企業であれば、純粋な社長交代により事業承継が実現することが多い。一方、所有と経営の一致している中小企業の場合、代表取締役という役職の交代のみならず、自社株や事業上必要な資産も後継者に承継しないと実質的な事業承継はできない。自社株や事業上必要な資産の承継については税務や法務など専門的な知識が要求されるため、公認会計士や税理士、弁護士等、専門家の関与が必要となるケースも多い。また、資金需要も発生するため、金融機関やFPの関与も欠かせない。

　したがって、第2章の事業承継に関する法律や第3章の事業承継対策（自社株対策、納税資金対策）は汎用性が高く、多くの会社に適用できるため、中小企業の事業承継支援を行う者としては、是非、把握しておきたい分野である。

　しかしながら、中小企業における事業承継は社長を交代し、株式などを後継者に承継するだけでは上手くいかない。なぜなら、中小企業の社長は、その会社の名実ともに顔であり、○○さん（社長の個人名）しかできない技術、○○さんだから取引している取引先、○○さんに雇ってもらったから○○さんの指示には従う従業員、といったように社長個人に依存しているものが多いからである。そこで、事業承継を成功させるためには、社長個人が築いてきた信頼、技術、人間関係などを後継者を中心とした次世代に引き継ぐことが欠かせない。具体的には、経営理念、経営者の信用、取引先との人脈、ノウハウ、顧客情報、従業員の技術や技能、知的財産権（特許等）、許認可などの知的資産のことを指す。

　このように後継者に承継すべき経営資源を整理すると〔図表1−2〕のようになる。

〔図表1−2〕後継者に承継すべき経営資源

人（経営）の承継	資産の承継
・経営権 ・後継者の選定 ・後継者教育　等	・株式 ・事業用資産 　（設備・不動産等） ・資金 　（運転資金・借入等）

知的資産の承継
・経営理念　　　・従業員の技術や技能　・ノウハウ ・経営者の信用　・取引先との人脈　　　・顧客情報 ・知的財産権（特許等）　・許認可　等

出所：「事業承継ガイドライン」中小企業庁

❷ なぜ事業承継対策が必要なのか

事業承継対策とは、先述のとおり人の承継、資産の承継、知的資産の承継、それぞれについて対策を行うことである。これらの対策を適切に行わないと事業承継が成立しなかったり、形式上、事業承継できても、会社の経営が傾いてしまったりする。

(1) 人の承継に対する対策

事業承継は後継者が決まらないことにはなんの準備も進まない。現時点で、後継者不在の中小企業は事業承継のスタートラインにすら立っていないと認識すべきである。

そもそも、中小企業の経営者が事業承継を強く意識するときは、以下のようなタイミングである。

- 自分自身が体調を崩したとき
- 体力の低下や判断力の低下を感じて、社長業を続けるのがむずかしいと感じたとき
- 知り合いの経営者が引退したとき
- 取引先が後継者不在で廃業したとき

そのような時、社長の頭の中に会社を継がせたい後継者候補は思い浮かぶだろうか。この時点で後継者候補すら思い浮かばないのなら、M&Aか廃業の検討も必要であるかもしれない。

一方、後継者候補がいたとしても、その候補者に正式に事業承継を打診し、候補者から承諾を得ない限り、会社の後継者はいないことになる。

中小企業に後継者の有無を確認する最も簡単な方法は、社長に「後継者はいますか」と直接尋ねることである。この問いに対する回答は額面どおり受け取らず、その真意をくみ取ることが肝要である。

a. 「後継者はいる」と回答した場合

後継者として名前を挙げた本人が本当に会社を継ぐと明言しているかどうかがポイントである。社長の考える後継者の中には会社に入社してくれた我が子が継いでくれるだろうと思い込んでいたり、数年前、家族会議の場でそれとなく聞いたら子どもがうなずいたりした程度の場合も多分に含まれているからである。そのため、後継者本人に改めて会社を継ぐ意思を確認する必要がある。

可能であれば、社長に席を外してもらって、後継者に会社の将来をどのように考えているのか、後継者の本音を聞き出すことが大事である。もし、後継者が会社に将来性を感じ

ず、やる気もないようであれば、その後継者に会社を承継させることは皆にとって不幸であるので、ほかの後継者を探すか、M＆Aや廃業を検討したほうがよい。

b.「後継者はいない」と回答した場合

本当に後継者がいないときもあるが、社長のお眼鏡にかなう後継者がいないだけのこともある。客観的にみると会社を継ぐ意思と覚悟のある後継者候補が親族や社内にいる場合もあるからである。

社長は現時点の自分自身の経験や能力を基準にして、後継者候補を評価してしまい、後継者は未熟だからまだまだ会社を任せられない、すなわち、後継者に該当しないと判断してしまうこともある。しかしながら、社長も新米社長の頃は今では考えられないような失敗をしつつ、さまざまな経験を積んで社長として成長し、現在に至っているのである。そこで、時計の針を戻して、社長が新米社長だったころを基準にして、改めて後継者候補を評価すると、後継者として認めやすくなる。

このように事業承継に欠かせない後継者は、会社を継ぐ意思と覚悟のある者である。実務経験や知識、スキルなどもあるに越したことはないが、すべてを兼ね備えた後継者はどれだけ探しても見つかることはない。現時点で、後継者に実務経験などが不足していたとしても、時間をかけて経験を積めば身に付くものは多いので、これから身に付けていけばよい。

後継者を育成していくという考え方を元々持っている経営者は、当然ながら後継者を確保しやすい。反対に後継者を積極的に育成せずに、いつか自然に現れるものだと考えている経営者は後継者不在に陥りやすい。したがって、後継者を育成することが人の承継を成功させるカギなのである。

(2) 後継者育成

後継者の得意不得意や経歴によって、育成すべきポイントは異なる。そのため、後継者の育成の仕方を定義することはむずかしい。

効率的かつ効果的に後継者を育成する方法としては、後継者に中期経営計画を策定させることである。中期経営計画では一般的に、会社の経営理念など基本事項を確認したうえで、外部環境や内部環境を分析し、クロスSWOT分析などのフレームワークを活用して、経営戦略を立案し、具体的な行動計画と数値目標を示すものである。

既に経営幹部として、業務に精通している後継者であれば、中期経営計画を一通り作成することができるだろう。この場合、後継者には当該計画の実行を任せ、PDCAサイクルを適切に回して行くことが後継者育成に資する。

　一方、経験の浅い後継者であれば、中期経営計画を作成すること自体むずかしく、内容も浅いものになる。この内容の浅い分野こそ、優先的に育成すべきポイントである。

　育成の仕方として、現場経験を積ませることが欠かせない。営業、製造、経理、財務、人事など各現場の経験を積むことにより、各現場の視点から会社経営を理解することができる。必ずしもすべての現場を経験する必要はないものの、各現場の繁忙期を経験できるとなおよい。

　後継者に求められる要素の1つにリーダーシップがある。リーダーシップは従業員が後継者をリーダーと認めてこそ発揮されるものであるから、後継者が現場で従業員とともに汗を流すことは大変価値がある。

　社会人経験のない後継者が自社に入社している場合、時間的および人的余裕があるならば他社勤務、いわゆる他社修行をすると短期間で後継者は成長する。他社は同業でも異業種でもよいが、自社より規模の大きい会社の方が望ましい。他社勤務することで、雇われる立場の気持ちがわかり、かつ、会社組織がどのように運営されるのか経験することができる。また、後継者が自社の経営改善に取り組む際に、比較対象となる事例として他社勤務の経験があるかないかの差は大きい。

　後継者育成の手法として、研修の受講や資格の取得なども考えられる。座学のみで十分な育成とはならないが、物事を体系的に習得したり、視野を広げたりすることに役立つ。

(3) 資産の承継に対する対策

　事業承継の対象となる資産は、株式、事業用資産（設備・不動産等）、資金（運転資金・借入等）などである。

　中小企業の事業承継においては、株式（自社株）対策が欠かせない。自社株対策を適切に行わないと、後継者に株式を集中させることができず、後継者の経営基盤が不安定になる。また、後継者に株式を集中させるための資金負担が多額に生じてしまい、資金繰りを苦しくさせてしまう。自社株対策の詳細は第3章を参照されたい。

　自社株対策を行う際には、後継者が決まらないことには対策を始められない。つまり、後継者が決まり次第、自社株対策に取り組むことができる。いかにして、後継者に株式を集めるか、評価額を抑えて税金負担等を少なくできるか、といった対策を行うことができる。当然ながら、早期に取り組むことでさまざまな選択肢を選ぶことができ、より有効な対策を講じることができる。一方、事業承継直前で自社株対策を行おうとしても、対策の選択肢は限られてしまい、多額の資金負担や納税資金を必要とするかもしれない。

　また、個人事業から法人成りした中小企業において、オーナー社長など個人名義の資産

を事業に供していることが多い。後継者が事業承継するにあたって、当該事業用資産も承継しないと事業を継続できないので、承継の仕方を検討しなければならない。

　承継の仕方として、一般的に法人が当該事業用資産を買い取る、個人から後継者に名義変更（贈与・相続・譲渡）した上で法人が賃借を継続する2つがある。

　ただし、当該事業用資産に抵当権が付されている場合は、名義変更の際に金融機関の同意を必要とするので、金融機関と相談しながら手続を進めなければならない。

(4) 知的資産の承継に対する対策

　後継者が代表取締役に就任し、自社株の3分の2以上を保有すると、一般的に事業承継できたと表現する。しかしながら、代表取締役という役職や自社株は、あくまで後継者が経営者としての立場を保証するためのものである。後継者が新米経営者として会社を経営していくためには、知的資産の承継が欠かせない。

　知的資産のなかでも、経営理念の承継は重要である。経営理念が明文化されている会社は、その言葉の持つ意味を深く理解しなければならない。経営理念は後継者が会社経営するにあたって、自らの経営判断や言動に誤りがないかを点検するよりどころとなる。

　社長の仕事は白か黒かはっきりしない物事に対して、何らかの決断をすることである。判断に迷った時のよりどころは経営理念であり、その経営理念があるからこそ、会社は事業を継続する意味があるのである。

　中小企業のなかには経営理念が明文化されていない会社もあるが、経営理念は明文化されていなくても、会社が数十年以上、事業を継続している限り、経営理念に相当する大事にしている価値観は必ずある。したがって、このような会社の場合、事業承継を契機として、後継者を中心に経営理念を明文化するとよい。

　後継者は、先代の経営理念を引き継いで、自分のものとした後にはじめて、経営理念に自分の色を出すことができる。後継者は「型破り」な経営を目指しても、まずは「型」を身に付けない限り、「型破り」できないので、先代が行ってきた経営の「型」を引き継ぐことに集中すべきといえる。

　このように知的資産の承継に対する対策は社長と後継者の当事者における問題として扱われ、社外の支援者が関与する分野ではないとみなされていた。しかしながら、事業承継の成否は知的資産の承継が握っているので、FPや士業等の専門家も積極的に関与することが求められる。

❸ 事業承継の種類

　事業承継は後継者に属性によって、親族内承継、従業員承継、第三者承継（M＆A）の
3つに大別される。

　近年、親族内承継の割合は減少傾向にあり、従業員承継（内部昇格）や第三者承継が増
加傾向にある。今後もこの傾向は進むと考えられるため、後継者を親族内にこだわること
なく、幅広く検討することが求められる〔図表1－3〕。

　一方、社長の想定する後継者はまず親族を第一候補として考えている。同族経営の中小
企業であれば、社長が自分の身内に事業を継いでほしいと考えることは多くの人にとって
違和感のないことであろう。

　第二候補として挙がるのは、役員・従業員である。社長が親族に打診したものの断られ
ると、社内を見渡して、役員・従業員に事業承継を打診する流れである。社長として、事
業を譲る相手として仕事ぶりもわかる役員・従業員は安心して任せやすい対象なのである。

　親族内にも社内にも後継者がいないという条件が揃ってから、M＆Aなど第三者承継の
検討を始める流れである。

　したがって、近年、親族内承継の割合が減少しているのは、社長の意向というより仕方
なく、従業員承継や第三者承継を選ばざるを得ない会社が増えていることを意味する〔図

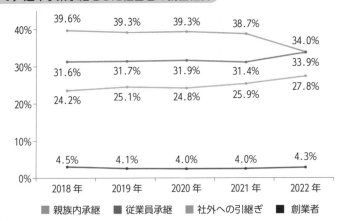

〔図表1－3〕近年事業承継をした経営者の就任経緯

（※）「その他」は、買収・出向・分社化の合計値。
出所：「中小企業白書2023」中小企業庁

〔図表1-4〕後継者選定の優先順位

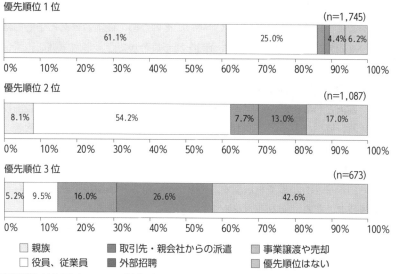

優先順位1位

(n=1,745)

| 61.1% | 25.0% | 4.4% | 6.2% |

優先順位2位

(n=1,087)

| 8.1% | 54.2% | 7.7% | 13.0% | 17.0% |

優先順位3位

(n=673)

| 5.2% | 9.5% | 16.0% | 26.6% | 42.6% |

□ 親族　　■ 取引先・親会社からの派遣　　■ 事業譲渡や売却
□ 役員、従業員　　■ 外部招聘　　■ 優先順位はない

（※1）　事業承継に対する意向について、「事業承継を検討（事業譲渡や売却を含む）」、「事業承継と廃業で迷い」のいずれか
　　　　に回答した者に対する質問。
（※2）　後継者を選定する際の優先順位について、上位3位までを確認している。
出所：「中小企業白書2021」中小企業庁

表1-4〕。

（1）親族内承継

　後継者候補として挙がる親族は社長の家族構成にもよるが、一般的に子ども、子どもの配偶者、配偶者、兄弟姉妹、甥や姪、孫であろう。それぞれのメリット・デメリットを見ていく。

ａ．子ども

〈メリット〉

　社長の子どもは、物心ついた時から会社を継ぐものだと思っていたり、代々続いている事業を自分の代で終わらせたくなかったりなど、事業そのものへの愛着により承継を決める傾向にある。そのため、社長就任前から、子どもは自分の代になったら、会社をこういう風に変えていきたいなど、イメージトレーニングを早い段階から行っていることが多い。つまり、後継者として社長になる意思と覚悟を早い段階から持っているため、後継者育成

に時間を割くことができる。

　また、従業員や取引先から後継者として認められやすい。中小企業の後継者が、社長の息子や娘であることに違和感を持つ人は少ない。そのため、後継者である子どもは入社した時点から、社内外での人間関係構築に時間を割くことができ、事業承継を円滑に進めやすくすることができる。

　さらに、社長の年齢が大幅に若返ることも大きい。経営者年齢は若いほど、増収になる傾向がある。要因として、若い経営者ほど新事業分野への進出に意欲的で、設備投資に積極的、かつ、試行錯誤（トライアンドエラー）を許容する組織風土になる〔図表 1 － 5〕。

　加えて、相続との関係で事業承継を整理しやすい。オーナー社長の保有している自社株や個人名義の不動産は、相続発生時に配偶者や子どもなど相続人に相続されることが多い。この相続人である子どもが事業を承継することで、自社株や事業用不動産の所有者と経営者が同一の後継者となり、会社運営を安定して行うことができる。

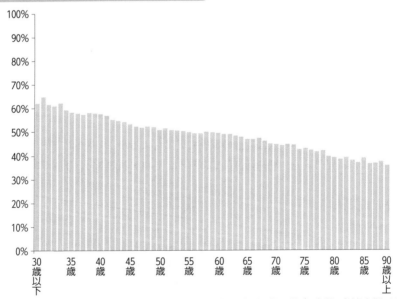

〔図表 1 － 5〕経営者年齢別、増収企業の割合

（※）　2019年12月時点で判明している直近 2 期の売上高を比較して「増収企業」、「売上横ばい企業」、「減収企業」を分類し、集計している。

出所：「中小企業白書2021」中小企業庁

〈デメリット〉

　社長の子どもだからといって、経営者に向いているとは限らない。後継者として会社を経営する意思と覚悟もない者は論外だが、ほかにもお金の管理にだらしがなかったり、時間にルーズだったりといったように、社会人として非常識と思える人物に会社を継がせてしまっては、事業承継はうまくいかない。

　後継者が社長の子どもであるため、体系的な後継者育成はむずかしい。社長自身も経営者の仕事を体系的に学んだわけではないため、後継者育成といっても何から始めればよいかわからない。加えて、親子関係であるがゆえにビジネスライクにしようとしても、お互い感情的になってしまい、意見対立することも多い。

　また、事業承継しない子どもがいると、相続財産などで不公平感を持たないように配慮しなければならない。後継者の兄弟が事業に関与しない場合は、相続財産として金銭など、事業に関連しないものを相続させて、自社株などを相続させないようにする必要がある。

　一方、後継者の兄弟も同じ会社に入社している場合、株式の過半数、できれば3分の2以上を後継者が単独で持ち、後継者の経営基盤を安定させるようにする。兄弟で50：50の株式を持たせるようなことには慎重になるべきである。兄弟で意見対立すると、株主総会で決議できなくなってしまうからである。

ｂ．子どもの配偶者

〈メリット〉

　子どもに継がせるのと同じくらい経営者の年齢を若返らせることができる。

　また、社長の子どもではなく、子どもの配偶者を後継者に選んだということは、より経営者に向いた人材に事業を承継させることができるといえる。

　さらに、子どもの配偶者は親族といっても、子どもよりビジネスライクに接しやすくなるため、体系的な後継者育成がしやすくなる。

〈デメリット〉

　婿養子などにならない限り、法定相続人ではないので、社長の自社株や事業用資産を容易には相続できない。

　また、離婚してしまうリスクがあるため、後継者である子どもの配偶者に自社株をどれだけ持たせるか検討が必要である。

ｃ．配偶者

〈メリット〉

　社長の突然の死など、緊急事態になっても、一時的に配偶者であれば、後継者として継ぐことができる。計画的な事業承継において、配偶者を後継者に選ぶことは少ない。

　自社株や事業用資産を配偶者に相続させると一次相続の相続税の負担を軽減することができる。

〈デメリット〉

　社長と配偶者は年齢が近いことが多いので、若返りを図ることができない。配偶者が事業承継したとしても、最初の課題が次の後継者選びとなる。

d．兄弟姉妹

〈メリット〉

　後継者候補となる社長の兄弟姉妹は、ともに働いてきた関係であることが多いので、実務上の引継ぎをスムーズに行うことができる。

〈デメリット〉

　経営者の若返りができないので、すぐに次の後継者を探さないといけない。

　また、自社株を後継者である兄弟姉妹に渡した後、その後継者に相続が発生すると、原則として後継者の家族で相続されてしまい、社長の子どもは自社株を相続できない。そのため、将来的に社長の子どもに継がせるためのつなぎとして、兄弟姉妹に継がせる場合は、自社株を社長が保有し続けるのか、兄弟姉妹に渡すのか、取扱いに注意が必要である。

e．甥や姪

〈メリット〉

　子どもと同様、経営者の年齢を若返らせることができる。

　また、甥や姪を後継者に選ぶからには、社長は親族に対して後継者の選定理由を説明する必要があるので、より優秀な後継者を選ぶことができる。

〈デメリット〉

　甥や姪にきちんと事業承継するために、自社株も承継させるが、社長に子どもがいる場合、子どもが不満を持たないように配慮が必要である。

f．孫

〈メリット〉

　社長が高齢の場合、子どもが60代、孫が30～40代というケースもあるので、一足飛びに孫に事業承継することで、子どもから孫への相続税の負担を回避することができる。

　また、経営者の年齢を大幅に若返らせることができる。

〈デメリット〉

　社長の子どもたちの同意が得られないと、成立しない。孫の立場からすると、叔父・叔母たちなので、親族内に反対する者がいると、後継者の立場は安定しない。

　上記は、後継者として親族に承継する場合の一般的なメリットとデメリットである。親族内で後継者を探す時のポイントは、社長の世代交代が進むかどうかである。事業承継した後、新社長の最初の仕事が次の後継者探しとならないように注意してほしい。

(2) 従業員承継

　親族内に後継者が見当たらないときに、従業員承継は行われることが多い。従業員承継のメリット・デメリットは以下のとおりである。

〈メリット〉

- 後継者である従業員は役員や幹部社員として、会社の業務に精通している。
- 社長は後継者の仕事ぶりを知っているので、安心して任せられる。
- 後継者育成に時間をかけることができる。
- 多くの候補から後継者を選ぶことができる。
- 従業員や取引先からの理解が得られやすい。

〈デメリット〉

- 後継者の配偶者や親族から反対される可能性がある。
- 後継者に資金力がなく、自社株を後継者に集められない。
- 後継者以外の従業員が社内の反対勢力となる可能性がある。
- 社長と後継者の年齢が近いと、次の後継者探しを始めなければならない。

　デメリットとして挙げた項目は、役員・従業員の中から早期に後継者を選び、社長交代のタイミングを決めて、その事業承継の日から逆算して対策を施せば、大部分は解消できる。

　しかしながら、社長が後継者を探し始めるのは60歳を超えてからのタイミングが多く、しかも最初は親族内で探し始める。親族内の後継者候補に事業承継を打診してみるが、その場で回答できる話でもないので、親族内を諦めて役員・従業員を後継者として探し始めるのに時間を要する。

　また、同族経営の中小企業では、代々創業家の中から社長が選ばれているので、創業家と血縁関係のない従業員は自分がいつか社長になるとはイメージできない。そのため、後継者候補となった役員・従業員は経営者としてのプレッシャーや経営者保証を考慮すると、会社を継ぐことをためらってしまう。

　したがって、計画的に従業員承継を行うためには、早期に役員・従業員の中から後継者を選ぶことが何よりも大事である。

　近年、中小企業の事業承継において、内部昇格、いわゆる従業員承継が増えてはいるも

のの、そのうちどれだけの企業が計画的な事業承継ができているかは不明である。

ちなみに、中小企業支援の現場では、以下のような事例も散見される。

- 事業承継対策を行ってこなかった高齢の経営者の元で働いていた60歳前後の従業員が転職先を確保できないために、仕方なく事業承継するケース
- 経営者が亡くなってしまい、親族内で会社を継ぐ人が出てこないので、従業員の生活を守るため、取引先に迷惑を掛けないために、役員・従業員が事業承継するケース

そもそも事業承継は会社の継続とさらなる発展のために行うものであるから、計画的でない事業承継は成功する可能性が下がってしまう。形だけ社長交代しても、新社長のもとでは経営基盤が不安定で徐々に信頼を失い、従業員や取引先もだんだんと去ってしまうこともある。事業承継後、数年内に倒産してしまっては元も子もない。

したがって、同族経営の中小企業において従業員承継を成功させるためには、あらかじめ役員・従業員に対して社内から後継者を選ぶことを明示するとよい。併せて、社長の退任時期も明示できると、後継者候補となる役員・従業員も事業承継に向けて準備しやすい。

(3) 第三者承継（M&A）

社内に後継者がいない場合、社外への引継ぎとして、M&Aを検討することが多い。M&Aの詳細等については第4章を参照されたい。

M&Aにより事業を社外に引き継ぐ場合、以下の株式譲渡か事業譲渡の手法が選択されることが多い。いずれの手法についても全部譲渡は必須ではなく、一部譲渡のケースもあり、譲渡する株式割合、事業譲渡の対象範囲などが、売り手側・買い手側の協議・条件調整によって決定されることになる。

① 株式譲渡

株式譲渡とは、売り手側の株主が、保有している発行済株式を買い手側に譲渡する手法であり、（買い手側も会社の場合には）売り手側を買い手側の子会社とするイメージである。

売り手側の株主が変わるだけで、会社組織はそのまま引き継ぐ形となり、会社の資産、負債、従業員や社外の第三者との契約、許認可等は原則存続する。また、手続もほかの手法に比べて相対的に簡便であるといえる。

ただし、未払残業代等、貸借対照表上の数字には表れない簿外債務や、紛争に関する損害賠償債務等、現時点では未発生だが将来的に発生し得る偶発債務もそのまま引き継ぐことになる。

② 事業譲渡

　事業譲渡とは、売り手側が有する事業の全部または一部（土地、建物、機械設備等の資産や負債に加え、ノウハウや知的財産権等も含む）を、買い手側に譲渡する手法である。

　資産、負債、契約および許認可等を個別に移転させるため、債権債務、雇用関係を含む契約関係を、一つ一つ、債権者や従業員の同意を取り付けて切り替えていかなければならず、譲渡する資産のなかに不動産を含むような場合には登記手続も必要となる。株式譲渡に比べて手続が煩雑になることが一般的である。

　買い手側にとっては、特定の事業・財産のみを譲り受けることができるため、簿外債務・偶発債務のリスクを遮断しやすいというメリットがある。

❹ 個人事業主の事業承継

　個人事業主であっても、その承継に際しては、会社形態の場合とおおむね同様の課題が存在する。

　ただし、個人事業主の場合、経営者が「その名」において事業を行い、取引先や顧客との契約関係を持ち、事業用資産を「自ら」所有していることに、「経営権」の本質があると考えられる。したがって、真に経営の承継を実行するには、形式的に「開業届」「廃業届」を提出するにとどまらず、それら契約関係・所有関係の承継が不可欠なのである。この意味で、個人事業主においては、「人（経営）の承継」と「資産の承継」が表裏の関係にあるといえる。

(1) 人（経営）の承継

　個人事業主と先代経営者の関係について、中小企業庁の実施した調査によれば、先代経営者の子であるとの回答が75.3％を占めるなど、親族内承継が約9割に達した。会社形態の中小企業における近時の状況と比較すると、親族内承継の割合の高さが顕著である〔図表1－6〕。

　このような実態を踏まえると、個人事業主においては、早期に「親族内」の後継者を確保することが重要であり、後継者候補が「事業を承継したい」と思えるような経営状態を確保することが不可欠であると考えられる。

　後継者育成の手法としては、自社内で経験を積む内部昇格のパターンが64％と多く、他社経験を経るパターンも54％存在する。業種等の事情に応じて、適切な経験を積ませる必

〔図表1－6〕個人事業主と先代の関係

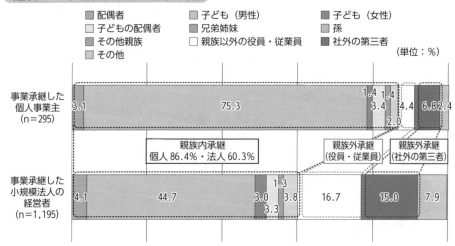

■ 配偶者　■ 子ども（男性）　■ 子ども（女性）
□ 子どもの配偶者　■ 兄弟姉妹　■ 孫
■ その他親族　□ 親族以外の役員・従業員　■ 社外の第三者
□ その他　（単位：％）

出所：「事業承継ガイドライン」中小企業庁

要があるものと考えられる〔図表1－7〕。

　以上のほか、親族や取引先等の関係者との早期・丁寧な調整や対話が必要不可欠であることは会社形態の場合と同様である。

(2) 資産の承継

① 個人事業主の保有する事業用資産

　個人事業主においては、事業用資産は経営者個人の所有に属しており（または経営者個人が賃借）、事業の継続に必要な資産について、個々に後継者へ承継する必要がある。

　個人事業主が保有する事業用資産の構成は土地・建物の不動産で6割超を占める。この土地・建物について、たとえば店舗兼住宅といった形で経営者個人の用と事業の用という2つの用途に用いられている資産もあるため、事業用資産の承継のみならず、現経営者の個人資産の承継についても同時に準備しなければならないことが多い〔図表1－8〕。

② 税負担への対応・分散の防止

　事業用資産の承継にあたっては、上記のとおり親族内承継が大半を占めていることから、相続・贈与による場合が多いものと考えられる。したがって、相続税・贈与税の負担への配慮が重要であり、対応策としては会社形態の場合と同様である。

　特に、個人事業主の所有する事業用資産のうち土地が大きな比重を占めていることから、

〔図表1-7〕 個人事業主の就任経緯

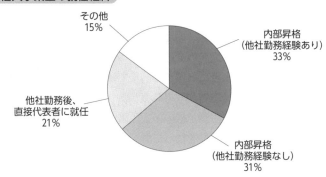

その他 15%

内部昇格（他社勤務経験あり）33%

他社勤務後、直接代表者に就任 21%

内部昇格（他社勤務経験なし）31%

出所：「事業承継ガイドライン」中小企業庁

〔図表1-8〕 純資産4,800万円※超の個人事業主が所有する事業用資産の構成

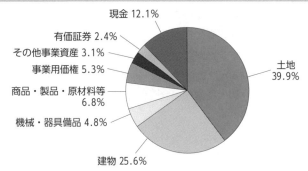

現金 12.1%

有価証券 2.4%

その他事業資産 3.1%

事業用価権 5.3%

商品・製品・原材料等 6.8%

機械・器具備品 4.8%

土地 39.9%

建物 25.6%

（※） 4,800万円：相続人が配偶者と子2人の場合の相続税の基礎控除額
出所：「事業承継ガイドライン」中小企業庁

小規模宅地等の特例が多く活用されている。加えて、2019年度税制改正により、個人版事業承継税制が10年限定の措置として創設された。

　また、事業用資産が分散してしまった場合の影響は、会社形態の中小企業において株式が分散してしまった場合よりも表面化しやすい特徴がある。たとえば、先代経営者の死亡等により事業用資産である土地や建物、器具備品等が相続人間で共有状態に陥ってしまった場合、後継者は当該資産の処分を伴う設備の更新や業態転換等を自由に行うことが困難となる。

　このような事態を回避するため、遺留分に配慮した生前贈与による早期の承継や、遺言等の適切な活用を検討すべきである。

（3）知的資産の承継

　個人事業主においても、事業の強みの源泉である知的資産を承継することは、事業承継の成否を決するきわめて重要な取組みである。

　特筆すべきは、会社形態のように事業承継前後で法人格が維持されるわけではないため、事業遂行に必要な許認可等を後継者が取得し直したり、取引先等との契約関係を引き継いだりする必要がある点である。事業承継の準備段階から、支援機関の助言を得て、後継者による許認可等の取得に向けた準備を行っておくことが、円滑な事業承継の観点からも有益である。

（4）個人事業主における社外への引継ぎ（M&A）

　個人事業主の場合は、会社の場合と異なり第三者に譲渡する株式が存在しない。そのため、株式譲渡の手法は取ることが出来ないことから、事業譲渡の手法が活用されている。

　個人事業主は、事業主である代表者に業務の多くを依存していることから、属人性の高い業務を社外の第三者が承継することが会社組織に比べて難易度が高いケースが多いと言える。また、前述したとおりM&Aは買い手の成長戦略の一環で実行されるが、会社に比べて小規模であるケースの多い個人事業を引き受ける買い手を探すことは相対的に困難であることが多い。

　近年は以下のように個人事業主であってもコストを掛けずに買い手を探すことができる手段が提供されるようになってきており、個人事業主のM&Aの増加を支えているものと考えられる。

① M&A支援機関

　従来、マッチングのために支援機関に相当額の手数料等を支払う資力のない個人事業主は、M&Aによる引継ぎが困難であった。しかしながら、近年、個人事業主も対象に、安価に支援を行う民間のM&A支援機関が登場し始めており、近い将来に廃業することを検討している個人事業主であっても、廃業以外の選択肢が現実的にあり得るとの認識のもと、M&Aによる引継ぎを積極的に検討することが望まれる。

　特に近年、オンラインのM&Aプラットフォームが急速に普及しつつあり、インターネット上のシステムを活用し、オンラインで売り手側と買い手側とがマッチングできる場を提供している。こうしたM&Aプラットフォームのなかには、特に売り手側については無料で登録できるものが相当数存在する。

〔図表1−9〕後継者人材バンクのスキーム図

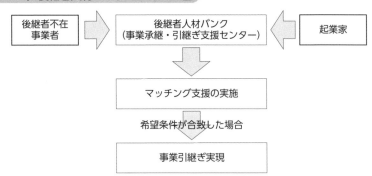

出所：「事業承継ガイドライン」中小企業庁

② 後継者人材バンク

　事業承継・引継ぎ支援センターにおいては、個人事業主を含め、後継者不在の中小企業である売り手側と買い手側のマッチングを支援している。特に個人事業主が営む事業の第三者への承継を支援するため「後継者人材バンク」事業が行われている。これは個人事業主の後継者問題の解決と同時に創業の促進を図るものである。

　事業スキームは、後継者不在の小規模事業者（主として個人事業主）と創業を志す個人起業家をマッチングし、店舗や機械装置等を引き継ぐものである。マッチング後の一定期間は起業家と先代経営者が共同経営を行うことによって、経営理念や蓄積されたノウハウ・技術等を引き継ぐとともに、地域の顧客や仕入先、取引金融機関等との顔つなぎも併せて行うこととしている。

　後継者人材バンクは、有形・無形の経営資源を引き継ぐため、ゼロから起業する場合に比べ、大幅に創業リスクを低減させることができるという特徴を有している。近年、大企業を中心に従業員の副業が解禁されていることから、副業を始めるにあたって「後継者人材バンク」を活用してもよい〔図表1−9〕。

❺ FPのかかわり方

　中小企業の事業承継問題に対してFPはどのようにかかわっていけばよいのか。それには、まず中小企業と金融機関の取引がどのように発展してきたのかを理解する必要がある。

　事業承継で悩んでいる中小企業は、①創業期、②成長期、③承継期の3つのステージを

経て現在に至っている。

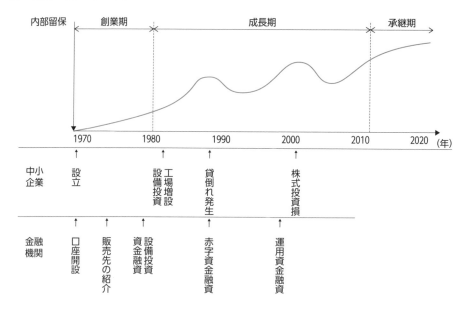

　その間、中小企業にかかわる金融機関には中小企業取引を深めるための4つの関門がある。

(1) 創業期と第1関門・第2関門

　あるオーナーが事業を始めようとした場合、一般には、まず株式会社を設立する（個人事業主として事業を開始し、その後事業が軌道に乗ってから法人成りする場合もある）。『創業期』の始まりである。

　会社を設立するには資本金が必要となる。その資本金があることについて、法務局の証明を受けなければならない。その際、従来、銀行等の金融機関が設立登記前に発起人または株式申込人から金銭出資の払込みがなされたことを証明していた。それが「払込金保管証明」である。

　現在では、会社法により発起設立の場合は払込金保管証明が不要とされ、残高証明（資本金を入金している口座の通帳コピーなど）で足りるとされているが、いずれにしても金融機関は、会社設立前に資本金を預かるところからかかわることになる。しかし、会社の設立時点から金融機関内で法人営業担当者をつけることは稀である。

　また、オーナーが資本金をプールする金融機関を選定する基準はさまざまだが、「地元

の金融機関だから」とか「会社員時代に給与振込みで利用していたから」など、あまり深い理由はないというオーナーがほとんどである。会社が設立されても、当初は金融機関からの積極的なアプローチもなく、ひっそりと金融機関取引が始まる。

　設立後、オーナーは商業登記簿謄本（登記事項証明書）を持って金融機関窓口に出向き、法人口座を開設することになる。口座の開設といっても、昨今は普通預金口座は容易に開設できないが、特に当座預金口座の開設には金融機関は慎重にならざるを得ず、金融機関から「しばらく口座の動きを見させていただきます」などと言われた経験を持つオーナーも少なくない。「あの金融機関の小切手や手形を使えるようになったときは正直嬉しかった」と昔話をされるオーナーもいる。

　ここが第１関門である。つまり、金融機関が中小企業と取引深耕を図れるか否かの第１関門は、営業店の事務対応にかかっているのである。対応が悪ければ「あの金融機関には二度と世話にならない」とオーナーに悪い印象を与えてしまう。

　その後、事業が拡大してくると、法人口座の入出金の動きが活発になる。利益も相当に蓄積され、金融機関の法人営業担当者の目にとまり、表敬訪問を受けることになる。ここが第２関門である。

　通常、オーナーは、法人口座を開設した金融機関で１行取引を継続している。この時点でオーナーは金融機関取引を複数行に増やしたいとは考えていない。しかし、事業が拡大すると、事務所や工場規模が大きくなったり看板が掲げられるようになったりすることで人の目に付きやすくなり、企業信用情報調査機関にも会社内容が調査されるようになる。そうするとほかの金融機関の法人新規開拓担当者が目を付けてくる。

　ここで、法人口座を開設した金融機関の法人営業担当者と、ほかの金融機関の法人新規開拓担当者のどちらが先にその会社にアプローチするかが、その後の取引に大きく影響してくることになる。

　法人新規開拓担当者は、法人に対する新規融資案件を開拓するのが使命なので、その会社に対して新規の資金調達ニーズがないかを探りながらオーナーに接触してくる。この時期のオーナーは、増加運転資金や設備資金が必要になるころである。そのタイミングに金融機関の法人新規開拓担当者が飛び込んでくると、大抵の場合、オーナーは二つ返事で当該金融機関からの資金調達を決断しがちになる。なぜなら、オーナーは金融機関から融資を受けるのは初めての経験になるので、「資金調達できるのなら…」と、法人新規開拓担当者の思惑どおりになってしまうのである。当然、その会社の資金決済口座は、新規融資を実行した新しい金融機関に変更され、さらにオーナーや従業員の給与振込口座などの個人取引にもつながり、実質的にメインバンクが変わることになる。

　つまり、運よく法人設立に関与できた金融機関にとっては、ほかの金融機関が気づく前にその会社の成長性を察知して、いかに早く接触を図るかが重要になる。そのため、法人営業担当者には未来の成長産業を発掘する能力が不可欠といえる。日ごろから新規口座開設情報を確認し、法人情報検索システムなどにより、気になる会社の口座の動きや売上高の伸長に目を配る姿勢が大切である。たとえば、流動性平残が安定的に積み上がっている状況は、会社が成長過程にある1つのサインといえる。成長企業をいち早く発掘し、資金ニーズをくみ取る法人営業担当者の力量が、将来の収益チャンスをものにできるか否かの分かれ道となる。

（2）成長期と第3関門

　創業期を無事に乗り切った会社は、やがて『成長期』に入る。成長期には、販路拡大や社内体制整備などからオーナーは多忙をきわめる。中小企業の場合、オーナー自らがトップセールスマンとして陣頭指揮を執り、かつ、資金繰りや人繰りなどに頭を悩ませる。一部を配偶者が手伝っているケースもあるが、実質的には、オーナーが社長兼営業部長兼総務・経理部長兼人事部長のようなものである。

　このように日々時間に追われるオーナーを助けるのも金融機関の役割といえる。具体的には、販売先を紹介したり、運転資金・設備資金などの資金調達の仕組みを提案したり、資金決済の仕組みを提案したり、人材を紹介したりしながら会社の成長をサポートする。この時期になると、金融機関取引も複数行に増え、各金融機関同士の提案合戦が過熱する。提案合戦を優位に進めるには、オーナーのよき相談相手となって、悩みを一番最初に相談される立場にいなければならない。

　ここに第3関門がある。成長期に達した会社は、さらなる飛躍を企図してさまざまな挑戦を行う。そのためには情報とお金が必要である。その会社の転機となるような挑戦を手伝うことができた金融機関が第3関門の勝者となる。たとえば、製造業の場合、「社運を賭けた新工場の建設用地情報を紹介し、取得資金と工場設備資金を融資した」金融機関が現れると、メインバンクが交代することがある。また、このタイミングで成長戦略実現のためのM&Aを実行するケースも増加しており、その情報と買収資金を提供した金融機関が存在感を高めることもある。

　また、挑戦の失敗を助けるパターンもある。創業から常に順風満帆な会社は、なかなか存在しないものである。たとえば、新工場が竣工し、生産能力が飛躍的に向上したために新工場の稼働率を上げる必要が生じ、そのための無理な営業がたたって大口の貸倒れが発生し、倒産の危機に瀕する場合などがある。このような場合、赤字資金を融資した金融機

関がメインバンクになるケースが多く見られる。業歴を重ねた中小企業の場合、創業期や成長期に少なからず幸運な出会いや支援を得て危機を乗り切っているのが常である。裏を返せば、幸運な出会いや支援がなく、迅速なリカバリーができなかった会社は倒産の憂き目に遭い、次のステージに進めないのである。

　オーナーには必ず数人の忘れられない銀行員がいるものである。永く続く会社はそのような『心ある』銀行員に支えられてきているのである。

(3) 承継期と第4関門

　成長期を経た会社は、いよいよ『承継期』に入る。ここで注意しなければならないのは、承継期とは会社の衰退期ではないということである。このステージにたどり着いた会社は、さまざまな難局を乗り越えてきており、オーナーの経営者としての力量も優れている「運と実力の両方を兼ね備えた会社」なのである。つまり、承継期の会社は、今後ますます成長するか、または少なくとも現状の収益力は維持できると予想されることが前提になる。

　一方で、「オーナーの生命力の衰退期」に入る。AIが会社の社長にならない限り、オーナーは生身の人間なので必ずこの時期が到来する。

　この承継期に第4関門がある。成長を遂げた会社には、過去からの利益の蓄積があるため、自己資本が充実し、運転資金の融資を受けなくても十分にやっていける状態になっている。事業承継の相談を受ける際、実質無借金や長期の設備資金借入を一部残すのみといったバランスシートが優良な会社を見かけることも少なくない。

　この時期のオーナーは、金融機関との接触は支店長や地域担当役員の表敬訪問をたまに受けるのみにとどまるケースが多い。金融機関の法人営業担当者はもっぱら経理部長への訪問しかできずオーナーとの距離は遠ざかり、さらに経理部長は会社の優良な財務状態を背景に滅多に資金を借りないうえに担当者に厳しい条件を突き付けるため、ますます担当者の足は遠のいてしまう。

　この時期、オーナーは事業承継問題に頭を悩まし始める。しかし、金融機関に相談したいものの、「自分の引退という後向きの問題を相談することで金融機関からの信用を失うのではないか」などと心配して、なかなかオーナー側から口を開くことはできない。他方、以前は金融機関側も、「縁起でもないこと」が絡む話でもあり、遠慮して声を掛けられなかった。

　このように関係者が二の足を踏んでいる事業承継の話題を最初にオーナーに投げかけることができた金融機関が第4関門の勝者となる。事業承継の話題でオーナーの相談に乗る場合、それまでの金融機関の取引順位は関係ない。つまり、第4関門は、成長を遂げた会

社の金融機関取引順位が変わる大きなチャンスといえる。逆に、既存のメインバンクにとっては、取引先の事業承継相談に応じることができなければ、ほかの金融機関に取引をシフトされることにもなりかねない。そのため、いつ相談されても対応できるよう常に事業承継の知識をアップデートしておく必要がある。

(4) 金融機関の使命

　以上のとおり、金融機関側から見れば、第3関門まで無事に通過して数十年にわたり取引を維持・継続することは大変困難なことである。

　そのため、数多くの金融機関が競合するなか、金融機関の法人営業担当者が承継期と第4関門に遭遇することができたら、それは光栄なことと喜ぶべきであり、絶対に目を背けてはいけない。オーナーの悩みには臆することなく親身に向き合い、専門部署につなぐなどによりチャンスをものにすることこそが、その後何十年にも及ぶ取引につながるわけである。事業承継は、オーナー自らが決断すべき最重要課題であり、オーナーの悩みに率先して耳を傾けることがオーナーの信頼獲得に最も効果的といえる。

　金融機関が事業承継にかかわる意義はほかにも見い出せる。

　顧客の繁栄・成長が営業基盤となる金融機関にとっては、大口の優良貸出先や預金先の活力が承継問題により失われることは、自身の死活問題でもある。

　また、中小企業は、日本経済の根底を支える重要な役割を果たしているだけでなく、雇用の創出など地域の経済活動において中心的な役割を果たしている。つまり、事業承継問題の解決は、オーナー個人の問題にとどまらず、日本経済の活力を維持するために必要不可欠なものであると捉えるべきなのである。金融機関は、中小企業と日ごろ密接にかかわっていることから、業務内容、決算内容、株主構成、オーナーの資産構成・家族構成などの情報を収集できる立場にある。言い換えれば、事業承継対策を講じる必要性があるかないかを見抜く材料を与えられている立場にあるといえる。

　したがって、「顧客を守るため」「従業員の雇用を確保するため」「日本経済の活力を維持するため」に事業承継の取組みの必要性をオーナーに積極的に伝えることも、金融機関の重要な使命といえる。また、地域金融機関の営業基盤の視点でみても、顧客を守ることは顧客基盤の劣化を防ぎ信頼に基づく基盤強化をもたらすことになり重要である。

(5) 守るべきスタンス

　ところで、オーナーが事業承継に取り組む必要性を理解しただけでなんら対策を講じなければ意味がない。円滑な事業承継を実現するには、自社株や事業用資産の移転など、

「モノの流れ」と「カネの流れ」が必ず発生する。金融機関は、専門的知識・情報に加えて、融資機能・決済機能を有しているので、その実現に向けて大いに役割を果たすことができるわけである。

　ただし、中小企業の事業承継をビジネスチャンスとのみ捉え、過度に金融取引につなげようとする姿勢は、事業承継をゆがめたものにしてしまう。中小企業の事業承継の実現に邁進すれば、自然と金融機関が有している機能が活かされる。したがって、まずはあるべき事業承継の姿を描き、その実現に向けて適切な対策を講じるなかで金融機関が有している機能を活用するといったように、事業承継に関与する者は本来の目的を見失わないように注意しなければならない。

❻ 事業承継対策の開始時期

　承継期に備えた事業承継対策はいつ着手するのが望ましいのか。

　これは早いほうがより望ましいといえるが、オーナーが60歳になった時点が1つの目安になると考えられる。その主な理由は以下のとおりである。

(1) 60歳ごろから生存率が落ち始める

　60歳前後は心筋梗塞、がん、脳梗塞等で他界する人が出始める年齢である。つまり、オーナー自身も、わが身にいつ何が起きてもおかしくはないと、自らの生命の限界を意識し始める時期といえる。

(2) 子どもが30歳を超える年齢に達する

　子どもがいる場合は、長男が大学を卒業し、10年ほど社会人経験を積み、さらに結婚して子どもも生まれ、守るべき家族ができた状態であることが多い。このような場合、子どもも自分の将来像を本気で思い描き、親の事業の承継を意識し始めるマインドになってきているといえる。

(3) 事業承継には多大な労力を要する

　事業承継を実践する場合、組織や会社のビジネスモデルを変更するなどさまざまな変化を伴うことが多くあり、オーナー自身にかなりの負担がかかる。それゆえに、オーナー自身の気力・体力が充実しているときでないと実現が困難になる可能性がある。

　したがって、まだまだ現役の60歳という年齢は、事業承継に関する事前対策に着手する時期として決して早くはないわけである。

(4) 二代目の資質を図る期間が必要

　事業承継対策を検討する場合、二代目の能力が初代オーナーの能力を凌駕しているケースは稀と考えておくのが無難であり、二代目による事業の失敗はある程度織り込んでおいたほうがよい。

　また、事業の承継後にその器でなかったと「泣いて馬謖（ばしょく）を斬る」のも初代オーナーの役目なので、その判断期間として承継後にある程度の年数が必要になる。そのために、承継後も後継者の不足している能力等を伸ばすために自社内で経験を積ませながら初代オーナーが近くで見守れる期間として10年くらいはほしいところである。

　上記の点を考慮すると、60歳から事業承継を考え始めて65歳でバトンを二代目に渡し、その後75歳程度まで近くで見守る。日本人男性の平均寿命が81歳としても十分間に合うライフプランとなる。

　もちろん、実際には80歳を過ぎてから事業承継について真剣に考えるオーナーもいて、それでも十分間に合うケースもある。しかし、一般には、75歳を過ぎると理解力と記憶力が低下し、いったん了解したことがオーナーの脳に定着せずに、何度も同じ議論を繰り返して前に進まなくなるケースや、体力的にも気力的にも衰えてしまい、最終的には面倒だという理由で動かなくなるケースも見受けられるので注意が必要である。

❼ 事業承継問題の相談先

　〔図表1-10〕は、「事業承継についての相談相手」のアンケート結果である。この結果を見ると、事業承継に関する一番の相談相手は顧問税理士であり、金融機関は二番目である。

　相談内容について、金融機関には、特に「事業承継候補の選出」、「事業承継候補との交渉の仲介」、「事業の立て直しのアイデア・方法」に期待が寄せられていることがうかがわれる。

　これまで、金融機関側には「遺産分割の紛争に巻き込まれたくない」などと顧客の相続問題に関与することに否定的な風潮があった。しかし、最近では、遺言信託の取扱い、相

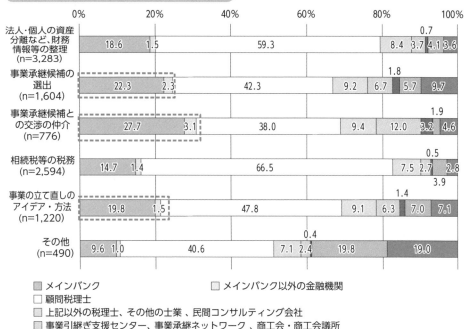

〔図表 1－10〕事業承継についての相談相手

出所：「令和 4 年 6 月30日　企業アンケート調査の結果」金融庁

続関連業務を積極的に手掛ける金融機関や、事業承継案件を専門に取り扱う部署を設置する金融機関が増えている。

　また、事業承継の問題についてはオーナーも相談相手を欲しており、顧客に提起して「縁起でもない話をするな」などと敬遠される話ではなくなってきている。むしろ対策がまだまだ不足している現状では、日ごろ顧客と密な関係を築いている金融機関行職員がもっと自信をもって積極的に関与していくべき問題なのである。

　事業承継に関する問題は金融機関単独では解決できないこともあるので、ほかの支援機関と協力して進めていく必要がある。そのためにも、ほかの支援機関の得意分野を把握していただきたい。主な支援機関の得意分野は以下のとおりである。

(1) 主な士業等専門家

① 公認会計士

公認会計士は、監査および会計の専門家として、財務書類の監査証明業務のほか、財務に関する調査や相談に応じており、事業承継のさまざまな場面で、広い見識に基づく支援が期待できる。特に、経営状況・課題の把握（見える化）や経営改善（磨き上げ）といったプレ承継をはじめ、非上場株式の評価・M&Aにおける売却価格試算等の複雑な状況での公正な評価、経営者の個人保証の解除、適正な会計の導入支援といった、将来の事業展開も踏まえた幅広い助言が期待できる。

また、日本公認会計士協会では2014年に中小企業施策調査会を発足し、中小企業支援活動を組織的に開始した。2015年には、事業承継支援専門部会が設置され、事業承継支援に積極的に取り組んでいる。

② 司法書士

司法書士は、商業登記、不動産登記等の実務家として、事業承継における株式および事業用不動産の承継、M&A、種類株式および民事信託の活用、担保権の処遇等についてサポートしている。

また、日本司法書士連合会においては、商業登記・企業法務対策部、民事信託等財産管理業務対策部等を設置して事業承継に関する支援事業を行っている。

③ 税理士

税理士は、顧問契約を通じて日常的に中小企業経営者とのかかわりが深く、決算支援等を通じ経営にも深く関与している。経営者向けアンケートにおいても、事業承継の相談先のトップに位置している。また、日本税理士会連合会にて構築した顧問税理士同士によるマッチングサイト「担い手探しナビ」の利用等を通じ、多くの税理士が、後継者不在の中小企業に対するM&A支援に着手する等積極的な事業承継支援を行っており、主体的な関与が期待される。今後も、経営者に最も近い存在として、事業承継ニーズの掘り起こしのほか、相続税に関する助言や株価の評価、生前贈与のやり方や種類株式の発行に関する助言、中小企業会計要領・中小企業会計指針の活用支援等、事業承継に関係する幅広い領域にわたる支援が期待される。

④ 中小企業診断士

中小企業診断士は、「中小企業支援法」に基づき、中小企業のホームドクターとして、さまざまな経営課題への対応や経営診断等に取り組んでいる。

事業承継に関しては、事業承継診断やプレ承継支援（事業承継計画の策定支援、後継者

教育支援、磨き上げ支援等）、ポスト承継支援のほか、M&A等にかかわる支援も期待される。

⑤ 弁護士

　弁護士は、中小企業や経営者の代理人として、事業承継を進めるにあたり、経営者とともに金融機関や株主、従業員等の利害関係者への説明・説得を行い、円滑な事業承継を進める役割を担う。

　とりわけ、株主関係が複雑な場合や、会社債務・経営者保証等に関する金融機関との調整・交渉が必要な場合、M&Aを活用する場合等においては、法律面全般の検討と課題の洗い出し、それらを踏まえたスキーム全体の設計、契約書をはじめとする各種書面の作成といった支援が期待される。

　また、日本弁護士連合会は、事業承継に関するプロジェクトチームを設置し、中小企業の事業承継に関する課題分析と改善策の検討、有用なスキーム・事例の周知活動、具体的な相談体制の整備等に取り組んでいる。

(2) 商工会議所・商工会

　商工会議所・商工会は、経営指導員の日々の巡回指導等を通じて中小企業経営者との間に信頼関係を構築している身近な存在である。このため、事業承継ニーズの掘り起こしのほか、事業承継セミナーの開催や事業承継施策に関する情報提供、専門家の紹介、事業承継・引継ぎ支援センターとの連携等が期待される。

(3) 中小企業団体中央会

　中小企業団体中央会は、全国に27,000を超える中小企業等協同組合法または中小企業団体の組織に関する法律に基づく組合の設立から運営までの支援等を行っている。これら組合のネットワークを通じ、事業承継セミナーの開催等の情報提供や、組合内の後継者不在の中小企業を支援機関に紹介する役割が期待される。

(4) 認定経営革新等支援機関

　「中小企業等経営強化法」に基づき、専門性の高い中小企業支援を行うために認定された支援機関（士業等専門家、金融機関、商工会・商工会議所、民間企業など）、経営革新または経営力向上を行おうとする中小企業等の経営資源の内容、財務内容その他経営の状況の分析等に係る支援を実施している。

　「中小企業等の経営強化に関する基本方針」のなかでは、以下のような事業承継に係る

記載がある。認定経営革新等支援機関には、経営革新等支援業務の実施にあたり、「事業承継ガイドライン」および「中小M&Aガイドライン」を踏まえ、事業承継に向けた取組促進の役割が期待されている。

● 経営革新等支援機関の実施にあたって配慮すべき事項

認定経営革新等支援機関は、経営革新等支援業務の実施にあたって、「事業承継ガイドライン」および「中小M&Aガイドライン」を踏まえて、中小企業等に対してM&Aを通じた第三者への事業引継ぎを含む計画的な事業承継に向けた取組みを促すことにより、中小企業等の事業承継を契機とした経営力向上を支援すること。

中小企業等の経営強化に関する基本方針　一部抜粋

---

(5) 登録 M&A 支援機関

　中小企業のM&Aにおいて仲介またはFA業務を行う支援機関のうち、「中小M&Aガイドライン」の遵守等を登録要件とする「M&A支援機関登録制度」に登録された者。事業承継・引継ぎ補助金（専門家活用型）において、M&A支援機関の活用に係る費用のうち仲介またはFAに係るものに対する補助については、あらかじめ登録された支援機関の提供する支援に係るものだけが対象となる。

(6) 公的機関

① 事業承継・引継ぎ支援センター

　全国の事業承継・引継ぎ支援センターにおいて、事業承継に関するワンストップ窓口として、幅広い支援を実施している。詳細は後述を参照されたい。

② 中小企業活性化協議会

　中小企業の活性化を支援する「公的機関」として47都道府県に設置されており、全国の商工会議所等が運営している。

　中小企業活性化協議会は、「地域全体での収益力改善、経営改善、事業再生、再チャレンジの最大化」を追求するため、「中小企業の駆け込み寺」として、幅広く中小企業者の相談に対応している。協議会自身においてあらゆるフェーズの中小企業者への支援と民間の支援専門家の育成を実施し、各フェーズでの民間による支援を促進すべく民間の支援専門家の活用を普及啓発する。

③ よろず支援拠点

　中小企業・小規模事業者が抱えるさまざまな経営課題に、地域の支援機関と連携しながら無料で対応するワンストップ窓口として、2014年から各都道府県に「よろず支援拠点」を設置。

　よろず支援拠点においては、在籍する専門家が事業承継等の相談対応を行うほか、専門性の高い事業承継計画の策定支援等に関しては、事業承継・引継ぎ支援センター等の的確な支援機関への紹介も行っている。

④ 独立行政法人中小企業基盤整備機構

　中小企業の支援機関が、事業承継の支援体制を構築していくにあたり、必要な助言や、支援機関の課題解決に資する講習会を開催している。また、経営者向けセミナー、フォーラムの開催、中小企業大学校における後継者研修等を通じて、中小企業経営者（後継者）の意識喚起や支援制度の周知・広報、後継者教育を行っている。さらに、事業承継・引継ぎ支援センターやよろず支援拠点、中小企業活性化協議会の全国本部を設置している。

⑤ 中小企業庁・経済産業局

　中小企業庁では、経営承継円滑化法に基づく遺留分に関する民法の特例、金融支援、事業承継税制、所在不明株主に関する会社法の特例といった基盤的な制度の整備や、事業承継に関するワンストップ支援を行う事業承継・引継ぎ支援事業、支援施策等の普及・啓発等、事業承継の円滑化のための総合的な施策を講じている。

　また、経済産業局においても、地域の支援機関や自治体等との連携のもと、事業承継の円滑化に資する施策を講じている。

> ●中小企業の事業承継の円滑化に向けた環境整備
>
> 　国は、中小企業等が事業承継を契機として経営力向上に向けた取組みを行うことができるよう、中小企業等が事業承継を円滑に行うことができる環境を整備するとともに、円滑な廃業に向けた環境整備を行うものとする。
>
> 　　　　　　　　　　　　　　「中小企業等経営強化法」基本方針　一部抜粋

〔図表1-11〕

出所：「事業承継に関する主な支援策（一覧）」中小企業庁

⑧ 事業承継に関する政策

（1）事業承継・引継ぎ支援センター

　全国47都道府県に設置する公的相談窓口として、中小企業の事業承継に関するあらゆる相談に対応する。

- ● 親族内承継支援：親族等に円滑に承継できるよう、事業承継計画策定等を支援
- ● 第三者承継支援：後継者が不在の場合など、相談から、譲受企業の紹介、成約に至るまで、第三者への事業引継ぎを支援
- ● 経営者保証に関する支援：事業承継の障害となる経営者保証解除に向けて支援
- ● 後継者人材バンク：「創業希望者」と「後継者不在の事業者」とを引き合わせ、事業を引き継ぐための支援

（2）事業承継・引継ぎ補助金

　事業承継・引継ぎ（M＆A）後の設備投資や販路開拓等を支援するとともに、事業引継ぎ時の専門家活用費用等を支援する〔図表1-11〕。

(3) M&A支援機関登録制度

　中小M&Aにおける支援機関の行動指針である「中小M&Aガイドライン」の遵守等を宣言した支援機関を登録する制度である。事業承継・引継ぎ補助金（専門家活用型）において、M&A支援機関の活用に係る費用（仲介手数料やフィナンシャルアドバイザー費用等に限る。）については、登録M&A支援機関の提供する支援に係るもののみを補助対象とする。また、情報提供受付窓口では、登録M&A支援機関の支援をめぐる問題等を抱える中小企業等からの情報提供を受け付けている。

(4) 中小企業経営力強化支援ファンド

　新型コロナウイルス感染症の影響により経営が悪化した地域の核となる企業に対して、官民ファンドによる出資やハンズオン支援等により、経営力の強化とその後の成長を支援する。

(5) 法人版事業承継税制（一般措置・特例措置）

　後継者が、経営承継円滑化法の認定を受けて、非上場会社の株式等を贈与または相続等により取得した場合において、その非上場株式等に係る贈与税・相続税の納税を猶予等する。詳細は第3章を参照されたい。

(6) 個人版事業承継税制

　後継者が、経営承継円滑化法の認定を受け、特定事業用資産（事業用の土地、建物、機械・器具備品等）を贈与または相続等により取得した場合において、2019年度税制改正において、10年間の特例措置として、その特定事業用資産に係る贈与税・相続税の全額を猶予等している。詳細は第3章を参照されたい。

(7) 経営資源集約化税制

　経営力向上計画に基づきM&Aを実施する場合に、以下の措置を活用できる。
　●設備投資減税（中小企業経営強化税制）
　経営力向上計画に基づき一定の設備を取得等した場合、投資額の10％（資本金3,000万円超の場合は7％）を税額控除または全額即時償却。
　●準備金の積立（中小企業事業再編投資損失準備金）
　事業承継等事前調査を記載した経営力向上計画に沿ってM&Aを実施した際に、投資額

の70%以下の金額を準備金として積み立て可能（積み立てた金額は損金算入）。

産業競争力強化法に定める特別事業再編計画に沿ってM＆Aを実施した際に、投資額の90％または100％の金額を準備金として積み立て可能（積み立てた金額は損金算入）。

(8) 登録免許税・不動産取得税の特例

経営力向上計画に基づき事業譲渡等を実施する場合、土地・建物に係る登録免許税・不動産取得税の軽減措置を活用できる。

(9) 公庫融資・信用保証の特例（金融支援）

経営承継円滑化法の認定を受けた場合には、株式の買取りや相続税の支払など承継時に必要となる各種の資金に対して融資や信用保証といった金融支援を受けることができる。

(10) 経営者保証ガイドライン

経営者保証ガイドラインの3要件のすべてまたは一部を満たせば、経営者保証なしで融資を受けられる可能性や、既に提供している経営者保証を見直すことができる可能性がある。

法人・個人の一体性の解消	資産の所有やお金のやり取りに関して、法人と経営者が明確に区分・分離されている。
財務基盤の強化	財務基盤が強化されており、法人のみの資産や収益力で返済が可能である。
適時適切な情報開示等	金融機関に対し、適時適切に財務情報等が開示されている。

事業承継に関しては経営者保証が事業承継阻止要因とならないよう、原則として前経営者、後継者の双方からの二重徴求を行わないことなどを盛り込んだ、経営者保証ガイドラインの特則が公表されている。

(11) 事業承継時の経営者保証解除支援

新規借入や既存の経営者保証付借入の借換の際に、経営者保証を不要にすることが可能な保証制度である。さらに、中小企業活性化協議会及び事業承継・引継ぎ支援センターによる確認を受けた場合には、保証料率が大幅に軽減される。

名称	事業承継特別保証制度
申込人 資格要件	次の①かつ②に該当する中小企業者 ① 3 年以内に事業承継を予定する「事業承継計画」を有する法人または一定の期間内に事業承継を実施した法人であって、承継日から 3 年を経過していないもの ②次のa. からd. のすべての要件を満たすこと 　a. 資産超過であること 　b. 返済緩和中ではないこと 　c. EBITDA 有利子負債倍率が10倍以内 　d. 法人と経営者の分離がなされていること
申込方法	与信取引のある金融機関経由に限る
保証限度額等	2.8億円（うち無担保8,000万円）　※責任共有制度（8 割保証）の対象
保証期間	〔一括返済の場合〕 1 年以内 〔分割返済の場合〕10年以内（据置期間 1 年以内）
対象資金	事業承継時までに必要な事業資金 既存のプロパー借入金（保証人あり）の本制度による借り換えも可能（ただし、一定の期間内に事業承継を実施した法人に対しては、事業承継前の借入金に係る借換資金に限る）
保証料率	0.45％～1.90％ ※中小企業活性化協議会及び事業承継・引継ぎ支援センターによる確認を受けた場合、 　0.20％～1.15％に大幅軽減

(12) 遺留分に関する民法の特例

　先代経営者が自社株式・事業用資産を後継者に集中的に贈与等した場合、その他の推定相続人の「遺留分」が侵害されるおそれがある。

　経営承継円滑化法の定める本特例を活用すると、それらの価額について、遺留分を算定するための財産の価額から除外（除外合意）または遺留分を算定するための財産の価額に算入する価額を合意時の時価に固定（固定合意）をすることができる。

　ただし、経済産業大臣の確認と家庭裁判所の許可が必要である。詳細は第 2 章を参照されたい。

(13) 所在不明株主に関する会社法の特例

　一般的に、株主名簿に記載はあるものの会社が連絡を取れなくなり、所在が不明になってしまっている株主を「所在不明株主」という。

　会社法上、所在不明株主からの株式買取り等には通知等が「 5 年」以上継続して到達しないこと等が必要であるが、経営承継円滑化法の認定を受けた場合には、一定の手続を前提に、「 5 年」を「 1 年」に短縮できる。詳細は第 2 章を参照されたい。

〔図表1-12〕中小企業大学校の研修メニュー

研修名	期間	定員	受講料	内容	実施校
経営後継者研修	10カ月	20名	1,283,000円	✓経営者として変化を読み取る能力、柔軟に対応する能力、的確な判断を下す知識を身につけます。 ✓自社と自身の理想とする未来像の実現に向けて自律的に行動できる後継経営者を目指します。	東京校
後継者・次世代経営幹部としてのスキルアップ研修	4日間	30名	36,000円	✓昨今の激しい環境変化に対応するために、自社の経営のあり方や自身に求められる役割・心構えを学ぶとともに、自社の今後の成長シナリオ・行動目標を検討します。	人吉校
後継者のための企業経営スクール	4日間	5名	28,000円	✓後継者に必要な心構えや経営の着眼点、実践ポイント学習、事例研究、行動計画策定等を通じた実践力を学びます。	Web校
現経営者のための事業承継ポイント講座	3日間	5名	24,000円	✓事業承継にあたっての心構え、後継者の選定・育成ポイントについて学ぶとともに、自社の事業承継計画書を策定します。	Web校
次世代トップリーダー養成講座	2～3日間	20～30名	22,000～32,000円	✓環境変化に適応するための経営のあり方や求められる役割・心構えを学び、今後の自身の成長へのシナリオや行動目標を検討します。	旭川校仙台校東京校等

（※） 2024年3月時点
出所：「事業承継に関する主な支援策（一覧）」中小企業庁

(14) 中小企業大学校

　全国9カ所の中小企業大学校や地域本部、Webを通して経営者や後継者等を対象に多彩な研修メニューを提供している。後継者育成に関する主な研修メニューは以下のとおりである〔図表1-12〕。

(15) 各種ガイドライン等

① 事業承継ガイドライン

　中小企業経営者や支援機関に対して、早期・計画的な取組みを促すため事業承継診断や、円滑な事業承継の実現のため必要な5つのステップ等を示している。

② 中小M&Aガイドライン

　M&Aの基本的な事項や手数料の目安を示すとともに、支援機関に対して適切なM&A

のための行動指針を示している。

③ 中小M&Aハンドブック

中小企業経営者に対して、中小企業を対象とするM&Aについてイラストを用いてポイントを解説している。

④ 中小PMIガイドライン

M&A実施後の経営統合（PMI：Post Merger Integration）について、譲受側が取り組むべきと考えられる取組み等を示している。

⑤ 事業承継診断

中小企業経営者が事業承継に向けて実施すべき取組みを簡単にチェックできる。

⑥ ローカルベンチマーク（略称：ロカベン）

企業の経営者と支援機関がコミュニケーション（対話）を行いながら、企業経営の現状や課題を相互に理解し、経営者の「気づき」により、個別企業の経営改善を目指す場面等で活用できる。

⑦ 経営デザインシート

中小企業の事業承継・引継ぎにおいては、後継者・譲受側が、現経営者・譲渡側の協力を得て、事業承継・引継ぎ後の自社の将来を構想する場面等で活用できる。

第2章

事業承継に関する法律

第 1 節

会社法

❶ 設立

(1) 最低資本金制度の廃止

　従来、商法の基本理念である債権者保護の観点から、会社の財産の確保のために最低資本金制度が設けられていた。株式会社の設立には最低1,000万円（有限会社では最低300万円）の資本金が必要とされ、設立時だけでなくその後も最低資本金を維持することが必要とされていた。

　しかし、最低資本金制度のために新規の創業が阻害されていることや、実態は資本金が大きくてもそれに相当する財産が確保されていない事例が見られたことなどから、同制度は会社法の施行に伴い廃止された。

(2) 有限会社制度の廃止

　有限会社法は会社法施行に伴い廃止された。したがって、現在では新たに有限会社を設立することはできない。

　ただし、旧有限会社法において設立された有限会社は、会社法の規定による株式会社として存続し、「有限会社」の商号の継続使用その他、旧有限会社法下での規律とほぼ同様の規律での運営が認められている（特例有限会社）。

　なお、特例有限会社は、定款変更による株式会社への商号変更と登記申請をすれば、いつでも特例の適用のない通常の株式会社へ移行することもできる。

(3) 払込金保管証明制度の一部廃止

　会社法施行前の商法（旧商法）では、募集設立・発起設立いずれの場合も、設立に際して銀行等による出資金の保管証明（払込金保管証明制度）が必要とされていたが、会社法

では、発起設立により会社を設立する場合には、株式の払込みについて銀行等による保管証明を不要とし、銀行等の残高証明等で設立手続を行うことができるようになった（募集設立の場合は従来どおり）。

❷ 機関設計の柔軟化

旧商法では、一律に会社の機関設計を強制し、選択の余地は限られていた。しかも所有と経営の分離した大規模な会社を前提に規定されており、その結果、売上高が1兆円を超えるような上場会社と、売上高が1,000万円の家族経営の会社が、同じ法的規制のなかで律せられていた。したがって、特に中小企業では、法の前提と実態との乖離が大きく、問題となっていた。会社法においてこれらが見直され、有限会社の組織をベース（株主総会＋取締役1人以上）に、会社の成長等に合わせた機関設計が可能となっている。〔図表2－1〕は、大会社（資本金5億円以上または負債総額200億円以上）もしくは委員会設置会社以外の会社で、公開会社（全部または一部の株式に譲渡制限のない会社）でない会社（非公開会社、つまりすべての株式について譲渡制限のある会社）における機関設計についてまとめたものである。これは多くの中小企業に該当する。

❸ 剰余金の配当手続

剰余金の配当について、旧商法では年1回の定時株主総会における利益処分と年1回の取締役会決議による中間配当を認めていた。会社法では、会社はいつでも株主総会を開くことで剰余金の配当ができることとされている。さらに、一定の要件を満たせば取締役会決議での配当や中間配当も可能となっている。

❹ 金庫株制度の活用

（1）金庫株制度の拡充

事業承継対策において押さえておくべき事項として金庫株制度（自己株式の取得・保

〔図表2-1〕株式会社（非公開会社）の機関設計

（1）株主総会

①	招集の通知	総会の1週間前まで。ただし、書面や電磁的方法による議決権の行使を認めた場合は総会の2週間前まで（取締役会非設置会社は定款で定めた場合は1週間未満でも可）。
②	口頭による開催通知	書面や電磁的方法による議決権の行使を認めない場合および取締役会非設置会社のみ可。
③	招集手続の省略	総株主の同意が必要（ただし、書面や電磁的方法による議決権の行使を認めた場合は、総株主の同意があっても不可）。
④	株主総会の開催の省略	総株主が提案に書面やメールで同意した場合に決議があったものとみなす（書面決議）。

（2）取締役

①	取締役は1人でも可[※]	名目的な取締役が不要となり、報酬などのコスト削減が可能となる。
②	取締役会の非設置（取締役会非設置会社）	取締役会を設置しないことで、迅速な意思決定が可能となり、議事録の作成や保存も不要となる。ただし、株主総会の権限が強くなる。取締役会を設けた場合は、原則として監査役を設置しなければならない。
③	取締役の任期の延長	原則2年であるが、定款で10年以内に延長できる。
④	取締役会の書面決議	定款に定めを置き、取締役全員が提案に書面やメールで同意している場合であれば書面決議が認められる。ただし、監査役が設置されている場合、監査役が異議を述べたときを除く。

（3）監査役

①	監査役の非設置	名目的な監査役が不要となり、報酬などのコスト削減が可能となる。ただし、取締役会を設けた場合は、原則として監査役を設置しなければならない。
②	監査役の任期の延長	原則4年であるが、定款で10年以内に延長できる。

（※）取締役会を設置する場合、取締役は3名以上必要となる。

有）がある。会社による自己株式の取得は目的に関係なく株主総会の普通決議（特定の者からの取得の場合は特別決議）があれば、自己株式を自由に取得・保有してよいこととされている。金庫株制度を活用することにより、以下のとおり自社株の集中や納税資金の確保を図ることができる。

① 円滑な会社経営のために、親族株主役員や古参の株主役員など、オーナーあるいは後継者以外の株主から会社が自社株を買い取る。

② オーナーの相続発生後、自社株を相続した後継者が相続税の納税資金を捻出するために、相続した自社株を会社に買い取ってもらい現金化する。

③ 後継者以外の相続人が相続した自社株を会社が買い取り、経営権を後継者に集中す

る。

(2) 自己株式の取得

　自己株式を取得するためには、株主総会（臨時株主総会でも可）の決議により以下の事項を定める必要がある。

①取得する株式の種類および数

②取得対価の内容およびその総額（金銭以外の対価でも可）

③株式を取得できる期間（1年以内で自由に設定可能）

　また、特定の者から買い受けるときは、株主総会の決議（この場合は特別決議）により、上記事項に併せて、買受通知を特定株主に対し行う旨を定めることができる。この場合、譲渡人となる株主だけでなく、ほかの株主にも株式を売却する権利（売主追加請求権）がある点に注意する必要がある。さらに、自己株式は原則として分配可能額の範囲内で取得することができる。なお、会社法では、たとえば以下のような特定の場合における手続の特例を認めている。この場合、株主総会の特別決議によって、自己株式を取得することができる。

● 非公開会社が、相続等により譲渡制限株式を取得した者に対して、その株式を会社に売り渡すことを請求できる旨を定款で定めている場合（売渡請求）

　ただし、売渡請求の手続は会社が相続等があったことを知った日から1年以内に行う必要がある。また、売買価額の決定は当事者間の協議によるが、協議が調わない場合には裁判所に対して売買価額の決定を申し立てることになる。

(3) 自己株式の保有

　自己株式の保有についての制限はないが、会社が保有する自己株式には、議決権がなく、配当を受け取る権利もない。

　保有している自己株式は、貸借対照表上、純資産の部の株主資本に「自己株式」の項目を設けて、一括して控除する形式で表示する〔図表2－2〕。

(4) 金庫株制度の課税関係

　金庫株制度に関する課税には、みなし配当課税と譲渡益課税の2つの取扱いがある〔図表2－3〕。

① みなし配当課税

　譲渡価額と売却した株式に対応する資本金等の額との差額が配当所得として所得税・住

〔図表2-2〕自己株式取得に係る計上方法

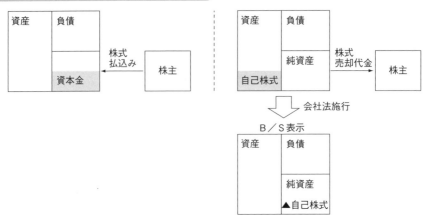

〔図表2-3〕みなし配当と譲渡損益

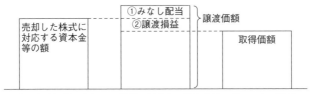

① 譲渡価額-売却した株式に対応する資本金等の額=みなし配当
② 売却した株式に対応する資本金等の額-取得価額=譲渡損益

民税の課税対象（総合課税）となり、最高で55.945％（所得税45.945％、住民税10％）、配当控除を考慮しても49.44％の税負担となる。ただし、相続税負担のある者が、相続または遺贈により取得した非上場株式を、相続の開始があった日の翌日から相続税申告書の提出期限の翌日以後3年以内に発行会社に譲渡した場合は、譲渡価額が売却した株式に対応する資本金等の額を超えるときであっても、その超える部分の金額は配当所得とみなされず、譲渡価額の全額が譲渡所得に係る収入金額とされる（みなし配当課税の特例）。また、譲渡所得の金額の計算上、相続税の取得費加算も併せて適用を受けられる。

② **譲渡益課税**

売却した株式に対応する資本金等の額と取得価額との差額が譲渡所得として所得税・住民税の課税対象（申告分離課税）となり、譲渡益の場合、20.315％（所得税15.315％、住民税5％）の税負担となる。

(5) 適正な時価

　会社が自己株式を取得する場合の税務上の適正な価額は、一般的には法人税法上の時価が利用される。この場合、課税上の弊害がなければ実務的には財産評価基本通達により計算した価額を準用することになる。ただし、以下の点に注意する必要がある。

① 　株主区分における同族株主か否かの判定については、譲渡等前（株式移動前）の議決権割合で判定する。

② 　譲渡する法人や個人が中心的な同族株主に該当する場合、評価会社の規模にかかわらず、「小会社」として評価する。したがって、純資産価額だけでなく、類似業種比準価額との併用方式（類似業種比準価額×0.5＋純資産価額×0.5）も認められる。

③ 　純資産価額を算定する場合、土地等や有価証券は相続税評価額ではなく、市場価格で評価する。

④ 　純資産価額を算定する場合、含み益（評価差額）に対する法人税等相当額37％の控除はない。

　一方、譲渡する個人株主における適正な価額は所得税法上の時価となるが、これも法人税法上の時価と同様に、実務的には財産評価基本通達により計算した価額を使用することができる。したがって、株式を会社へ売却する個人の株主区分により以下のように評価される。

- ●中心的な同族株主である場合は所得税法上の時価
- ●上記以外の同族株主である場合は原則的評価額
- ●同族株主以外の株主である場合は特例的評価額

(6) 金庫株における生命保険の活用

　事業承継対策において金庫株を活用する際のポイントは3つある。

① 　分配可能額はあるか

② 　買取資金は準備できているか

③ 　株主とは友好的か

　会社を保険金受取人とする生命保険を活用し、積み立てておくことで、生命保険解約の際に、上記のうち分配可能額と買取資金を同時に準備することができる。

- ●生命保険による分配可能額の上乗せ

　　受取保険金（満期保険金、死亡保険金、解約返戻金）から、保険金受取時までの資産計上累計額（保険料積立金）を差し引いた額が、保険金の雑収入になる。この雑収入か

ら法人税等相当額（およそ37％）を差し引いた額が分配可能額の上乗せ分となる。したがって、死亡保険金の場合は、雑収入が多くなる保険種類（資産計上額が少ない定期タイプの保険種類）を選択することで分配可能額をより多く生み出すことができる。

● 生命保険の契約形態と必要額

生命保険の活用は、分配可能額を増やすと同時に、自己株式を買い取るための資金を創出することにもなる。つまり、受取保険金からその保険金に対する法人税等相当額を控除した額を買取資金に充当することができる。この場合、会社を保険契約者および保険金受取人とし、被相続人（先代オーナー）を被保険者とする契約形態が考えられる。

なお、必要となる買取総額は、1株当たりの買取価額に買取対象者の持株数を乗じた金額となる。

❺ 種類株式の充実

(1) 種類株式とは

会社法は「株主平等の原則」を初めて明文化し、「株式会社は、株主を、その有する株式の内容及び数に応じて、平等に取り扱わなければならない」と定めている。しかし、この原則は、株主をその有する株式の内容および数に応じて、平等に取り扱うことを求めているだけで、逆に言えば内容の異なる種類株式の存在を認めている。種類株式とは、株主の権利についての取扱いが普通の株式とは異なる株式のことである。株主の主な権利としては、剰余金の配当を受ける権利、残余財産の分配を受ける権利、株主総会における議決権が挙げられるが、これらの権利内容について、定款に定めることで異なった取扱いにすることができる。種類株式の種類としては、会社法上、優先株式・劣後株式（剰余金配当・残余財産分配）、議決権制限株式、譲渡制限株式、取得請求権付株式、取得条項付株式、全部取得条項付株式、拒否権付株式および取締役・監査役選任（解任）権付株式が挙げられている〔図表2−4〕。

種類株式は事業承継に絡む諸問題の解決に有効な手段となり得るが、活用する際にはその組合せが重要になる。たとえば、議決権制限株式を発行する場合、その株式を配当優先株式や取得請求権付株式にしておけば、経営に参画できないという株主の不満を緩和することができる。

〔図表2－4〕種類株式

	種　類	内　容
①	譲渡制限株式	株式の譲渡に会社の承認が必要な株式（承認する機関は株主総会（取締役会設置会社の場合は取締役会）、ただし、定款に別段の定めがある場合は定款で定める機関）
②	配当優先株式	ほかの株式より剰余金の配当に関する権利が優先する株式
	配当劣後株式	ほかの株式より剰余金の配当に関する権利が劣後する株式
③	残余財産分配優先株式	ほかの株式より清算時の残余財産の分配が優先する株式
	残余財産分配劣後株式	ほかの株式より清算時の残余財産の分配が劣後する株式
④	議決権制限株式	株主総会において決議に参加できない事項のある株式
⑤	取得請求権付株式	株式の買取りを会社に請求できる株式
⑥	取得条項付株式	一定の事由が発生した場合に会社が取得できる株式
⑦	全部取得条項付株式	株主総会の特別決議で会社が全部を取得できる株式
⑧	拒否権付株式	特定の事項につき拒否権がある株式（黄金株）
⑨	取締役・監査役選任（解任）権付株式	当該株式所有者のみの株主総会で取締役や監査役を選任（解任）する株式

（2）種類株式の発行手続

　種類株式を発行するには、種類株式の内容および発行する数（発行可能種類株式総数）を定款に定めて登記する。この際に株式の内容については定款にその要綱のみを定めておき、種類株式を発行するまでに株主総会（または取締役会）で詳細な事項を決定することができる。なお、定款を変更するには、株主総会の特別決議が必要となる。特別決議は、原則として議決権を行使することができる株主の議決権の過半数を有する株主が出席し、出席した株主の議決権の3分の2以上の賛成で成立する。つまり、同族株主全体で3分の2以上の株式を保有している場合、同族株主の間で喧嘩さえしなければ、定款を変更し、種類株式を発行することができる。ただし、定款変更により種類株式を追加することで、ある種類の種類株主に損害を及ぼすおそれがあるときは、さらにその種類の種類株主による株主総会（種類株主総会）の特別決議（株式が定款変更により譲渡制限株式に変わる場合は特殊決議）が必要となる。

（3）優先株式・劣後株式

　優先株式とは、株主の剰余金配当請求権または残余財産分配請求権について、ほかの株

式に優先した請求権を持つ株式であり、劣後株式とはほかの株式に劣後した請求権を持つ
株式である。つまり、優先株主の場合にはほかの株主よりも先に、劣後株主の場合にはほ
かの株主より後に、それぞれ剰余金の配当や残余財産の分配を受けることになる。なお、
剰余金配当請求権や残余財産分配請求権のない株式を発行することはできるが、その両者
の権利を与えない株式を発行することはできない。実務的には、剰余金配当請求権につい
ての優先株式が最もよく用いられている。たとえば、事業承継対策において、オーナーか
ら従業員持株会に配当優先の無議決権株式を譲渡すれば、オーナーは会社の支配権を維持
しながら持株数を減らして相続税を軽減することができる。また、別の方法として、会社
が新規に発行した配当優先の無議決権株式を従業員持株会に割り当て、発行済株式数を増
やすことで、オーナーが有する株式について評価額を引き下げることも可能である。

(4) 議決権制限株式

議決権制限株式とは、株主総会において議決権を行使することができる事項について、
ほかの株式とは異なる定めを置く株式である。議決権がまったくない完全無議決権株式と、
一部の事項につき議決権を持たない狭義の議決権制限株式がある。従来、議決権制限株式
は発行済株式総数の2分の1までと発行が制限されていたが、会社法施行により非公開会
社についてはこの限度が撤廃された。議決権制限株式は、事業承継対策に適した株式とい
える。

事業承継における問題の1つは、相続による株式の分散に伴い、議決権も一緒に分散す
るため、後継者が過半数の議決権を確保するのがむずかしいことである。この議決権制限
株式を利用すれば、株式の分散があったとしても議決権は分散しない工夫をすることがで
きる。具体的には、大株主である社長が、あらかじめ普通株式と議決権制限株式（この場
合は完全無議決権株式が望ましい）を保有し、相続の際には遺言書で後継者に普通株式を、
後継者以外の相続人には議決権制限株式を相続させることで、相続によって株式は分散し
ても、議決権の分散は防ぐことができる。極端な方法として、普通株式1株以外はすべて
議決権制限株式としておき、後継者には普通株式1株を、後継者以外の相続人には議決権
制限株式を相続させることも可能である。この場合、普通株式1株を持っている後継者が
会社を支配できる。ただし、この方法では、後継者以外の株主に不満が出るかもしれない。
その場合には、議決権制限株式について、後述する取得請求権を付与したり、配当優先株
式とするなど、利益の調整を図る。問題はどのように大株主である社長が議決権制限株式
を持つようにするかであるが、これについては次の3通りの方法が考えられる。

① 大株主である社長に議決権制限株式を発行する方法

いわゆる第三者割当増資といわれる方法がある。この方法ではスムーズに議決権制限株式を発行できるが、社長に株式を引き受けるだけの資力があるかどうかがポイントになる。また、特定の者への新株発行となるため、1株当たりの発行価額が適正な時価である必要がある。

② 大株主である社長の株式の一部を議決権制限株式に変更する方法

既存の株式の内容を変更することになるため、資金的な負担はないが、定款を変更するための株主総会の特別決議が必要となる。さらに、当該定款変更がある種類の種類株主に損害を及ぼすおそれがあるときは、その種類の種類株主による株主総会（種類株主総会）の特別決議も必要になる。したがって、特別決議の障害となる、社長と対立する株主がいない場合は、最も実効性が高い方法である。社長と対立する株主がいる場合は、大株主である社長の議決権割合が減少することによる影響も考慮する必要がある。

③ 既存の総株主に無償で議決権制限株式を割り当てる方法

上記②と同様に資金負担はなく、また少数株主がいたとしてもその利益を侵害しないため、比較的容易に実行できる方法といえる。

(5) 譲渡制限株式

譲渡制限株式とは、譲渡による株式の取得について発行会社の承認を必要とする株式である。中小企業の株式の大部分にはこの譲渡制限が付いており、既存の株主以外の第三者に株式が容易に渡らないように設計されている。これにより第三者が株主になることによる会社経営への干渉や、会社乗っ取りが防止できる。

① 譲渡承認機関

譲渡を承認する機関は株主総会、取締役会を設置している会社では取締役会である。また、代表取締役や取締役を承認機関と定めることができる。

② 種類株式の組合せ

種類株式を組み合わせて、譲渡制限株式かつ配当優先株式とすることもできる。同じ譲渡制限を設ける場合であっても、その内容を自由に設計できる点が種類株式の大きな利点といえる。

③ 先買権者・買受人の指定

非公開会社における先買権者・買受人の指定の請求に際し、定款で会社自身を先買権者・買受人に指定することもできるようになった。非公開会社では、株主から会社に対する株式の買取請求は原則として断ることができるが、第三者への譲渡の承認請求を断ると、

会社自身で買い取るか、ほかの買取人を指定しなければならない。先買権者の制度は、あらかじめ買受人を決めておき、その者だけが株式を譲り受ける権利を持つとした制度である。これにより、非公開会社では、定款で会社自身以外に株式を譲渡することができないようにしておくことも可能となり、株式が現状以上に分散することを防止することができる。

(6) 取得請求権付株式

　取得請求権付株式とは、株主が、株式の発行会社に対して、自分の持つ株式の取得を請求することができる権利のある株式である。この権利は株主側にあり、取得請求があった場合には分配可能額がない場合を除いて、会社は株式を取得しなければならない。ただし、取得請求権付株式は、その取得の対価として、金銭だけでなく、社債その他の財産やほかの種類の株式など、対価の種類が幅広く認められている。これを利用して、株主から取得請求を受けても資金負担がない仕組みをつくることも可能である。また、取得請求に条件を付けることも可能である。たとえば、「代表取締役が○○氏でなくなった場合」等に取得請求できるといった設定もできる。

　なお、株式の取得請求の際にはほかの株主に売主追加請求権（ほかの株主が自らも株式を売却したいと会社に主張する権利）はないので、会社側も安心して取得請求に応じることができる。

(7) 取得条項付株式

　取得条項付株式は、取得請求権付株式とは逆に、会社側が取得する権限を持っている株式である。金銭を対価として発行する場合は、取得条項付株式は借入金の性格に近づくことになる。その際に、特に期日を定める場合は、その傾向が顕著に表れる。期日まで資金を提供してもらい、期日がきたら返済するので、借入金に性質が近い。ただし、株式であるため、利息ではなく配当金を支払うことになる。その面で、負債と株主資本の中間のような株式であるといえる。取得条項付株式の取得の対価は金銭に限らず、社債その他の財産やほかの種類の株式など幅広い設定ができる。これを利用して、議決権制限株式について取得条項を付けておき、いつでも普通株式に転換できるようにしておくことも可能である。たとえば、相続時精算課税制度を利用して、複数の後継者候補に、議決権制限株式かつ取得条項付株式である種類株式を贈与しておき、事業の後継者が確定した時点で、後継者の持つ株式を議決権制限株式から普通株式に転換すれば、後継者のみが議決権を手に入れられる。また、別の方法として、後継者以外の者に相続させる株式を取得条項付株式に

しておけば、会社は自由にその株式を買い取ることが可能であり、少数株主対策の心配がなくなる。

(8) 全部取得条項付株式

全部取得条項付株式とは、株主総会の特別決議によって会社がその種類株式の全部を取得することができる株式である。

これにより、債務超過会社などについて、株主総会の特別決議で既存の株式を全部取得条項付株式に変更し、株式を全部取得することで、100％減資を容易に行うことができる。なお、少数株主保護の観点から、定款変更の場合に反対株主には会社に対する株式買取請求が認められている。

(9) 拒否権付株式

拒否権付株式とは、株主総会（取締役会を設置している会社では、さらに取締役会も対象となる）において決議すべき事項について、株主総会決議のほかに種類株主を構成員とする種類株主総会の決議を必要とするものである。これは、いわゆる黄金株とも呼ばれ、取締役の選任や解任、会社の合併や事業譲渡等の決議が対象となる。これにより、株主総会決議だけでなく、拒否権付株式を有する株主による種類株主総会の決議がないと、上記事項が行えなくなる。事業承継においては、たとえば相続時精算課税制度を利用して、オーナーが後継者に株式の大部分を移転させる場合に、オーナーが拒否権付株式を1株保有することで、株式移転後も経営上の最終的な決定権を留保することが可能になる。これにより、後継者に事業を継がせた後も、後継者を牽制し、あるいはその暴走を阻止する仕組みができる。なお、拒否権付株式は、それが第三者の手に渡った場合に、その株主が常に拒否権を行使すると経営が成り立たなくなるというリスクがある。そのため、以下のような措置を講じておくことが大切である。

① 相続発生時には拒否権が無効になるように設定しておく。
② 遺言書により、拒否権付株式を後継者に相続させる。
③ 相続等により株式を取得した者に対して、その株式を会社に売り渡すことを請求することができる旨を定款で定めておく。

(10) 取締役・監査役選任（解任）権付株式

取締役・監査役選任（解任）権付株式は、種類株主総会において取締役または監査役を選任することを定めた株式で、非公開会社（指名委員会等設置会社を除く）でのみ発行が

認められている。この株式を発行した場合、種類株主総会でのみ取締役・監査役を選任（解任）することになるため、全体の株主総会で取締役・監査役を選任（解任）することはなくなる。取締役・監査役選任（解任）権付株式は、オーナーが1株保有することで、後継者へ株式を移転させた後も拒否権付株式と同様の効果が得られる。また、第三者の手に渡った場合のリスクについても拒否権付株式と同じである。

❻ 種類株式の評価方法

(1) 配当優先株式

　配当について優先・劣後のある株式を発行している会社の株式を類似業種比準方式により評価する場合、配当金の多寡は、比準要素のうち「1株当たりの配当金額」に影響を及ぼすが、「1株当たりの配当金額」は、株式の種類ごとにその株式に係る実際の配当金により計算することとされている。また、配当還元方式についても「1株当たりの配当金額」により評価を行うので、配当優先の有無によって評価額が異なることになる。なお、純資産価額方式により評価する場合は、評価上、配当金を要素としていないことから、配当優先の有無にかかわらない評価方法となる。

(2) 無議決権株式

　無議決権株式は、原則として、議決権の有無を考慮しないで普通株式と同様に評価する。ただし、相続税の法定申告期限までに遺産分割協議が確定し、相続または遺贈により当該株式を取得した同族株主全員の同意が得られれば、原則的評価方式により評価した価額から5％分を評価減のうえ、評価減した金額を同族株主が取得した議決権のある株式の価額に加算して申告することを選択することができる。

(3) 拒否権付株式

　拒否権付株式は、普通株式と同様に評価する。

(4) 社債類似株式

　「①優先配当、②無議決権、③一定期間経過後に発行会社がその株式の全部を発行価額で償還、④残余財産の分配は発行価額を上限、⑤他の株式への転換権なし」の条件すべて

を満たす株式を社債類似株式といい、その経済的実質が社債に類似していると認められることから、社債の評価に準じて評価する。ただし、株式であることから既経過利息に相当する配当金の加算は行わない。また、社債類似株式を発行している会社の社債類似株式以外の株式の評価にあたっては、社債類似株式を社債であるものとして評価する。

❼ 所在不明株主に関する会社法の特例

　一般的に、株主名簿に記載はあるものの、会社からの連絡が取れなくなり、所在が不明になってしまっている株主を「所在不明株主」という。会社法上、株式会社は、所在不明株主に対して行う通知等が 5 年以上継続して到達せず、当該所在不明株主が継続して 5 年間剰余金の配当を受領しない場合、その保有株式の競売または売却（自社による買取りを含む）の手続が可能である。他方で、「5 年」という期間の長さが、事業承継の際の手続利用のハードルになっているという面もあった。そこで、中小企業者が以下の 2 要件を満たし、都道府県知事の認定を受けることと一定の手続保障を前提に、この「5 年」を「1 年」に短縮する特例が創設された。

① 経営困難要件

　申請者の代表者が年齢、健康状態その他の事情により、継続的かつ安定的に経営を行うことが困難であるため、会社の事業活動の継続に支障が生じていることが求められる。たとえば、以下のいずれかに該当する場合、要件を満たし得る。

- 代表者の「年齢」が満60 歳を超えている場合
- 代表者の「健康状態」が日常業務に支障を生じさせている場合
- 代表者以外の役員や幹部従業員の病気や事故等
- 外部環境の急激な変化による突然の業績悪化等

② 円滑承継困難要件

　一部株主の所在が不明であることにより、その経営を当該代表者以外の者（株式会社事業後継者）に円滑に承継させることが困難であることが求められる。

- 認定申請日時点において株式会社事業後継者が定まっている場合

所在不明株主の保有株式の議決権割合

A：株式譲渡の手法：1/10超かつ「1－要求される割合」超

B：株主総会特別決議に基づく手法等：1/3超

- 認定申請日時点において株式会社事業後継者が未定の場合

所在不明株主の保有株式の議決権割合

C：原則1/3超

D：例外1/10超かつ経営株主等と加算して9/10以上

第2節 信託法

① 信託とは

信託とは、「特定の者が一定の目的に従い財産の管理又は処分及びその他の当該目的の達成のために必要な行為をすべきものとすること」と信託法に定められている。つまり、金銭債権や不動産などの所有者（委託者）が信頼できる相手（受託者）に財産を委ね、信託目的に従って自身や第三者（受益者）のために財産の管理や運用を任せ、財産にかかる利益を受益者に取得させるということが信託の基本的な仕組みになる〔図表2－5〕。つまり、一口で言えば、「人を信じて財産を託すこと」となる。単なる財産の管理であれば、信頼できる人や業者に委任すれば十分であるが、相当の長期の期間に及ぶ場合は、関係者が死亡等により変わることから、権利義務等の関係を明確にする方法の1つとして信託スキームが活用されている。信託の特徴は以下のとおりである。

① 信託財産の所有者（名義）は受託者に移る

② 財産の管理・運用は信託目的に従う

③ 信託財産は受託者の債権者もしくは倒産リスクから隔離される

〔図表2－5〕信託の仕組み

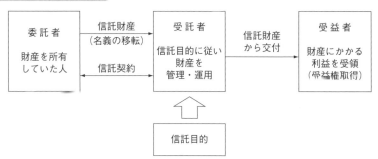

　信託法は、信託の要件や効力など、基本的な法制度を定めた基本法で、事業承継の円滑化のための信託活用ニーズが主張されたことを踏まえて、後継ぎ遺贈型受益者連続信託や遺言代用信託など、新しい信託の類型が創設、明確化されている。そのほか、信託に係る法律としては、信託を業として行う場合の規制を定めた信託業法や、金融機関の信託業務の兼営等に関する法律などがある。また、2008年9月、中小企業庁が設置した「信託を活用した中小企業の事業承継円滑化に関する研究会」から中間整理が公表された（中小企業庁ホームページで閲覧可能）。同中間整理では、以下の信託スキームを活用することにより、事業承継の確実性・円滑性、後継者の地位の安定性、議決権の分散化の防止、財産管理の安定性などといった面でのメリットが示されている。

a　相続開始と同時に特段の手続を要することなく後継者は「受益者」として権利を取得するスキーム（遺言代用信託）

b　経営者が生前にその後継者を「受益者」と定めるスキーム（他益信託）

c　後継者が経営権を確保できるよう、議決権行使について指図する者を指定するスキーム

d　事業を承継しない非後継者の遺留分に配慮するスキーム（複数受益者）

e　後々の後継者（受益者）を指定できるスキーム（後継ぎ遺贈型受益者連続信託）

　自社株や工場・事務所建物の敷地等の事業用資産は一体不可分であり、相互に有機的に関連づけられ、分散してしまうと効率的・有効的にその価値が発揮できない。そこで、自社株や事業用資産が遺産分割の協議や遺言に基づく相続等により分散あるいは分割されないように、信託を設定することにより所有する財産を受益権（信託財産から生ずる利益が交付される権利）という債権に転換して法定相続人等に分割・相続させることができる。この転換機能は、信託が有する特徴の1つである。

② 遺言代用信託

　遺言代用信託（または遺言代用の信託）とは、委託者が財産を受託者に信託し、典型例として、委託者が生存している間は委託者本人が受益者となり、委託者が死亡した後は信託契約により指定した者が受益者として信託財産から生ずる利益を受け取る信託である。したがって、別段の定めがない限り、委託者は受益者を変更する権利を有し、信託契約により、将来の受益者として指定された者は委託者が死亡するまで権利はない。事業承継における活用例としては、たとえば、オーナー（委託者）が自社株を信託財産とし、自らを

当初受益者、オーナー死亡時には後継者が受益権を取得する旨を定め、信託期間は後継者の死亡時までとする信託を設定することが考えられる。受益者には信託契約に定めることにより受託者が議決権を行使するにあたり指図する権利（指図権）が与えられ、受託者が受益者の指図に従い、議決権を行使することになる〔図表2－6〕。つまり、遺言代用信託は、遺言により自社株を後継者に相続させる方法と同じ効果が得られるわけである。

さらに、上記のスキームには以下のようなメリットもある。

① 後継者に自社株を相続させる旨の遺言を作成しても、遺言は遺言者の意思によりいつでも自由に撤回できるため後継者の地位が安定しないが、信託契約においてオーナー（委託者）が受益者変更権を有しない旨を定めれば、後継者（受益者）が確実に受益権を取得することができ、その地位が安定する。

② 受託者が株主として自社株を管理することになるため、オーナーが第三者に自社株を処分してしまうリスクを防止することができ、後継者への事業承継を安定的かつ確実に行うことができる。

③ 後継者に自社株を相続させる旨の有効な遺言を作成しても、遺言の執行手続にある程度の時間が必要となり、経営上の空白期間が生じるおそれがあるが、信託契約の場合は、オーナー（委託者）の死亡によりなんら手続を要することなく当然に後継者（受益者）が受益権を取得するため、経営上の空白期間が生じることなく、経営権の承継を行うことができる。なお、委託者の死亡時に受益者が受け取る受益権は、相続

〔図表2－6〕遺言代用信託の活用例

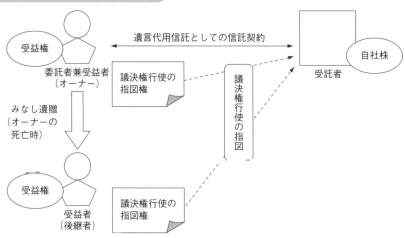

税の課税対象になる。

❸ 他益信託

　委託者自らが受益者となる信託を自益信託というのに対し、委託者以外の者が受益者となる信託を他益信託（または生前贈与信託）という。事業承継における活用例としては、たとえば、オーナー（委託者）が自社株を信託財産とし、後継者を受益者に定めて当初から他益信託とし、信託期間はオーナー（委託者）の死亡時までとする信託を設定することが考えられる〔図表2−7〕。このスキームでは、信託された自社株の議決権行使の指図権を、委託者であるオーナーが保持することで引き続き経営権を維持しつつ、自社株の財産的部分のみを後継者に取得させることができる。つまり、後継者に事業を引き継いだ後も、会社経営を監視できるという意味で、拒否権付株式または無議決権株式を活用した場合と同じような効果が得られる。また、信託契約において、信託終了時に後継者が自社株の交付を受ける旨を定めておくことで、後継者の地位を確立することができる。なお、他益信託を生前に契約した場合、委託者から利益を受ける受益者に対して贈与が行われたものとみなして、信託を設定した時点で贈与税が課税される（相続時精算課税制度の活用も可能）。

〔図表2−7〕他益（生前贈与）信託の活用例

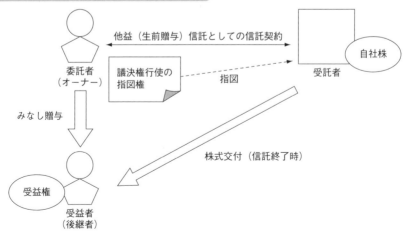

❹ 後継ぎ遺贈型受益者連続信託

　後継ぎ遺贈型受益者連続信託とは、受益者の死亡により、当該受益者の有する受益権が消滅し、ほかの者が新たな受益権を取得する旨の定めがある信託である。事業承継における活用例としては、たとえば、オーナー（委託者兼第1次受益者）が自社株を信託財産とし、委託者死亡後の第2次受益者を配偶者、第3次受益者を配偶者の死後に後継者としたい長男とする後継ぎ遺贈型の受益者連続信託を設定することが考えられる〔図表2−8〕。このスキームでは、配偶者の財産を確保しつつ、将来的に自社株を確実に後継者へ承継させることができる。また、配偶者が死亡して後継者が受益権を取得しても、受益権は配偶者の遺産ではないので、配偶者の相続に係る遺留分の問題は生じないと解されている。さらに、配偶者が受益者のときの議決権行使の指図者に長男を指定することもできる。また、第2次受益者を子、第3次受益者を孫とすることで、子の世代だけでなく、孫の世代の後継者についても自分の意思で決定したいというニーズや、次男を後継者とするが、次男の子には後継者となるべき者がおらず、長男の子に事業を承継させたいといったニーズを満たすこともできる。遺言を作成することにより、財産を特定の者に相続させることは可能であるが、遺言では当該相続人の相続発生時の遺産処分まで拘束することはできないとする解釈が有力である。後継ぎ遺贈型受益者連続信託は、「当該信託がされた時から30年を

〔図表2−8〕後継ぎ遺贈型受益者連続信託の活用例

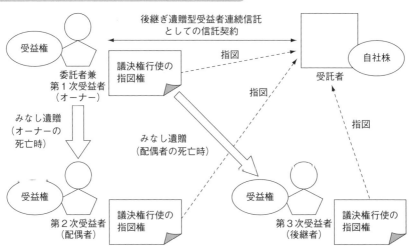

経過した時以後に現に存する受益者が当該定めにより受益権を取得した場合であって当該
受益者が死亡するまで又は当該受益権が消滅するまでの間、その効力を有する」と信託法
に定められている。つまり、後継ぎ遺贈型受益者連続信託は無期限に認められるわけでは
なく、信託設定後30年経過した後の次の一代までしか効力が及ばないとされている。なお、
委託者の死亡時に受益者が受け取る受益権は相続税の課税対象になり、後続する受益者が
直前受益者の死亡時に受け取る受益権も相続税の課税対象になる。

❺ 事業信託

　従来、信託財産としてはプラスの財産だけが対象とされていたが、新しい信託法により、
プラスの財産とともにマイナスの財産（負債）も信託することができるようになった。そ
のため、資産および負債の集合体である事業の一部または全部を信託する事業信託（また
は事業の信託）が可能になったのである。

　事業承継における活用例としては、たとえば、後継者が若年の場合、オーナー（委託
者）が一体となる事業または事業用資産を信託財産とし、受益者を後継者、受託者を信頼
の置ける従業員・同業者等とする信託を設定することが考えられる。つまり、若年の後継
者が経営者としての資質を修得するまでの間、同業者等に中継ぎとして経営を委ね、将来
的には信託を終了して後継者が事業を引き継ぐスキームである。一般には、配偶者や有能
な従業員が中継ぎとしていったん経営を預かるケースがよく見られる。事業信託を活用す
ることにより、財産の受託者への移転コスト等の相当の負担が生じるが、信託目的、信託
財産、受益者の権利および受託者責任を明確化するメリットがある。また、中継ぎのため
のスキームとしては、株式の信託により、受託者が株主として役員を選び、委任による役
員として責任を課して事業を遂行させる方法もある。

第**3**節 遺留分に関する民法の特例

❶ 創設の背景

(1) 遺留分とは

　人は、自らの財産を自由に処分することができるはずであるが、民法は、相続人の生活の安定や最低限度の相続人間の公平を確保するために、兄弟姉妹およびこれらの者の子以外の相続人に、最低限の相続の権利を保障している。これが「遺留分」である。被相続人は、生前に特定の人に財産を贈与したり、遺言を作成することにより相続人の相続分を決めたりすることが自由にできるが、このような財産処分を際限なく認めると遺族（相続人）の最低限の生活も保障されなくなる可能性がある。そこで、一定の遺族には最小限の相続分である遺留分を保障しているのである。したがって、遺留分は被相続人の行う贈与や遺贈に優先して取り扱われる。被相続人による財産の処分によって遺留分を侵害された相続人は、遺留分の額以上の財産を取得した相続人に対して、遺留分侵害額に相当する金銭の支払を請求することができる。これは、2018年の民法改正により、遺留分減殺請求権の行使によって当然に物権的効果が生ずるとされていた規律を見直し、遺留分に関する権利の行使によって遺留分侵害額に相当する金銭債権が生ずることにしたものである。

(2) 遺留分権利者

　遺留分が保障されている者を遺留分権利者と呼ぶ。遺留分権利者は、相続人のうち被相続人の配偶者、直系卑属（その代襲相続人）および直系尊属であり、兄弟姉妹に遺留分は認められていない。

(3) 遺留分の算定

　遺留分の対象は、原則として遺留分算定基礎財産の2分の1である（相続人が直系尊属

だけの場合は3分の1になる)。これが遺留分権利者全体の遺留分の額となり、個々の遺留分権利者が有する遺留分の額は、全体の遺留分の額に、個々の遺留分権利者の法定相続分を乗じて算出する。遺留分算定基礎財産とは、被相続人が相続開始の際に有していた財産に、①相続人以外の者に対する贈与(原則として相続開始前1年間に行われたもの)および②相続人に対する贈与(原則として相続開始前10年間に行われたもの)を加算し、そこから③被相続人の債務を控除して算出する。

※　遺留分権利者に損害を与えることを知って贈与が行われた場合には、上記①および②は、贈与の時期に関係なく遺留分算定基礎財産に加算されることになる。

> 遺留分算定基礎財産＝相続開始時の財産＋生前贈与(原則、相続開始前1年以内)＋
> 　　　　　　特別受益(原則、相続開始前10年以内)－債務

〈遺留分の計算例〉

　非上場会社である甲社のオーナーを務めていたA氏が病死し、相続が開始した。法定相続人は配偶者および長男、次男の3人である。A氏は5年前に長男に甲社株式を贈与し、経営から退いていた。各人の遺留分の額はそれぞれいくらになるでしょうか。

　①相続開始時のA氏の財産
- 不動産　2,000万円
- 現預金　1,000万円
- 負　債　3,000万円

　②後継者である長男に対する生前贈与
- 甲社株式1億2,000万円(贈与時・相続開始時)

1　遺留分算定基礎財産の価額

2,000万円(不動産)＋1,000万円(現預金)＋1億2,000万円(甲社株式)－3,000万円(負債)＝1億2,000万円

2　相続人全体の遺留分の額

1億2,000万円×1／2＝6,000万円

3　各人の遺留分の額

配偶者　6,000万円×1／2＝3,000万円

長　男　6,000万円×1／2×1／2＝1,500万円

次　男　6,000万円×1／2×1／2＝1,500万円

(4) 遺留分算定基礎財産に算入する価額

　生前贈与された財産を遺留分算定基礎財産に算入する際の価額は、贈与時の価額ではなく、相続開始時の価額となる。そのため、後継者が被相続人から生前贈与を受けた自社株の評価額が、その後の後継者の努力によって被相続人の相続が開始するまでの間に上昇した場合でも、後継者の貢献分は遺留分の算定にはまったく考慮されず、後継者以外の相続人の遺留分の額も増大することになる。たとえば、上記の計算例で、贈与時に1億2,000万円であった甲社株式の評価額が相続開始時に1億6,000万円に上昇していたとすると、相続人全体の遺留分の額は8,000万円となり、次男の遺留分の額は2,000万円となる。

② 民法の特例

　円滑な事業承継のためには、後継者（親族外も対象となる。以下同じ）に自社株や事業用資産を集中して承継させる必要があるが、前述した民法における遺留分の制約により、後継者に自社株等を集中できない場合がある。また、オーナーが後継者に自社株や事業用資産を生前贈与した場合、相続開始前10年間に行われた贈与であれば、遺留分侵害額の請求の対象となってしまう。さらに、特別受益が遺留分算定基礎財産に算入される際の価額は、相続開始時の時価によるので、生前贈与された自社株等の評価額の上昇が遺留分の増大につながってしまう。このような遺留分制度による制約を解決する選択肢の1つとして、「中小企業における経営の承継の円滑化に関する法律」において民法の特例が定められている。具体的には、先代経営者（旧代表者）から後継者に贈与された自社株等について、遺留分算定基礎財産への算入に一定の制限を設ける特例である。民法の特例を活用することにより、経営基盤となる自社株等が遺留分制度により分散することを防止することができる。特例には、「除外合意」と「固定合意」がある。

　① 　生前贈与された自社株等を遺留分算定基礎財産に算入しない
　　　→除外合意
　② 　遺留分算定基礎財産に算入すべき価額をあらかじめ固定する
　　　→固定合意

③ 除外合意

　後継者を含む旧代表者の遺留分の権利を有する推定相続人の全員の合意をもって書面により、後継者が旧代表者からの贈与により取得した自社株等の全部または一部について、民法の規定にかかわらず、その価額を遺留分算定基礎財産の価額に算入しないことを定めることができる〔図表2－9〕。除外合意により、生前贈与された自社株等の評価額が相続開始までに上昇したとしても、増加分を含めたすべてを遺留分侵害額請求の対象外とすることができ、後継者は企業価値向上を目指して経営に専念することができる。なお、民法上の推定相続人には兄弟姉妹も含まれるが、経営承継円滑化法における「推定相続人」は、遺留分の算定に係る合意の当事者となる者であるので、遺留分を有さない兄弟姉妹およびこれらの者の子は除かれる。以下、特段の断りがない限り、推定相続人とは遺留分を有する推定相続人を指すものとする。

〔図表2－9〕除外合意

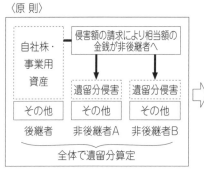
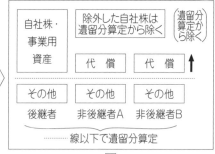

出所：中小企業庁ホームページ資料を一部加工

❹ 固定合意

　後継者を含む旧代表者の推定相続人の全員の合意をもって書面により、後継者が旧代表者からの贈与により取得した自社株等の全部または一部について、遺留分算定基礎財産に算入すべき価額を、その合意時における価額とすることを定めることができる〔**図表2−10**〕。固定合意により、生前贈与された自社株等の評価額が相続開始までに上昇したとし

〔図表2−10〕固定合意

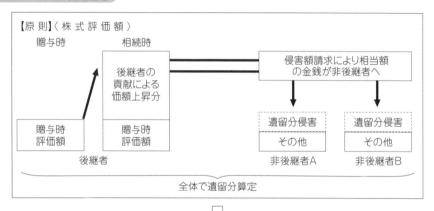

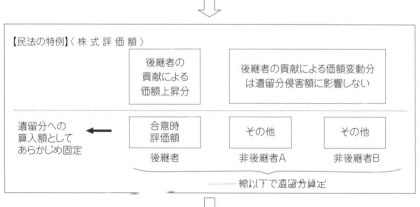

出所：中小企業庁ホームページ資料を一部加工

ても、その増加分を遺留分侵害額の請求の対象外とすることで、遺留分の増大を回避することができる。ただし、後継者にとっては、固定合意よりも除外合意のほうが望ましく、固定合意は生前贈与財産を除外することの合意に至らない場合の選択肢となりえる。また、除外合意と固定合意を組み合わせて適用を受けることも可能となる。なお、「合意時における価額」とは、弁護士、弁護士法人、公認会計士、監査法人、税理士または税理士法人が相当の価額として証明したものとされ、推定相続人間で自由に決められるわけではない。そこで、相当の価額を証明するための自社株等の評価方法が問題となる。非上場株式の評価方法には、相続税財産評価基本通達に定める評価方式で紹介した国税庁方式があるが、この方式はあくまで相続税を計算するための評価方法であって、遺産分割のために相続人間の権利関係を規律する遺留分制度とは次元の異なる事柄であるという見解がある。そのため、経営承継円滑化法では自社株等の評価を実務家に任せることとしているのであるが、実務家たちも責任を全うするためには一定のガイドラインが欲しいとのことで示されたのが「経営承継法における非上場株式等評価ガイドライン」である。中小企業庁長官の私的研究会である「非上場株式の評価の在り方に関する委員会」および同委員会のもとに設置された「非上場株式の評価の在り方に関する委員会専門委員会」で検討され、2009年2月に中小企業庁から公表された。このガイドラインには、「法的な拘束力はないが、中小企業における経営の承継の円滑化に関する法律における固定合意を利用される際の非上場株式の評価方法のメルクマールとなることを期待している」と記したうえで、相当な価額の算出方法として収益方式、純資産方式、比準方式、国税庁方式を挙げ、それぞれの留意事項や裁判例などが掲載されている。

〈遺留分（民法の特例）の計算例〉

　非上場会社である甲社のオーナーを務めていたA氏は、事業承継の一環として、後継者である長男に甲社株式を贈与した。その際、贈与された甲社株式について、A氏の推定相続人である配偶者、長男、次男の間で以下のとおり遺留分算定に係る合意を行った。その後、A氏は体調を崩し、帰らぬ人となった。各人の遺留分の額はそれぞれいくらになるでしょうか。

　①相続開始時のA氏の財産
- 不動産2,000万円
- 現預金1,000万円
- 負債　3,000万円

②後継者である長男に対する生前贈与
- 甲社株式　贈与時　　1億2,000万円
　　　　　　　相続開始時 1億6,000万円

③合意内容
- 除外合意　長男に贈与された甲社株式の2分の1
- 固定合意　長男に贈与された甲社株式の2分の1
（合意時の価額6,000万円）

1　遺留分算定基礎財産の価額

2,000万円（不動産）＋1,000万円（現預金）＋6,000万円（甲社株式）－3,000万円（負債）
＝6,000万円

2　相続人全体の遺留分の額

6,000万円×1／2＝3,000万円

3　各人の遺留分の額

配偶者　3,000万円×1／2＝1,500万円
長　男　3,000万円×1／2×1／2＝750万円
次　男　3,000万円×1／2×1／2＝750万円

❺ 付随（追加）合意

除外合意または固定合意をすることを前提に、推定相続人の全員の合意をもって書面により、以下の財産を遺留分算定基礎財産から除外することを定めることができる。

- 後継者が旧代表者からの贈与により取得した自社株以外の財産
- 後継者以外の推定相続人が旧代表者からの贈与により取得した財産

なお、付随（追加）合意では遺留分算定基礎財産に算入すべき価額を固定することはできないので注意する必要がある。

⑥ 適用要件

(1) 適用対象会社

民法の特例を利用することができる中小企業は、以下の条件をすべて満たす会社（特例中小会社という）をいう。

① 3年以上継続して事業を行っている会社

② 株式を上場または店頭登録していない会社

③ 資本金の額または従業員数が〔図表2-11〕の基準を満たす会社

なお、会社法で規定されている会社以外の会社等（医療法人、学校法人、宗教法人、NPO法人、税理士法人など）は対象とはならない。

(2) 旧代表者の要件

「旧代表者」とは、特例中小会社の代表者であった者（代表者である者を含む）であって、ほかの者に対して当該特例中小会社の株式等（株式（株主総会において決議をすることができる事項の全部につき議決権を行使することができない株式を除く）または持分）の贈与をしたものをいう。遺留分の算定に係る合意をする時点において、被相続人となるべき者は、特例中小会社の代表者を既に退任している場合であっても、後継者とともに代表者である場合であっても、いずれでもかまわない。

〔図表2-11〕民法の特例の対象となる中小企業

	資本金の額	または	従業員数
製造業その他	3億円以下		300人以下
ゴム製品製造業（自動車または航空機用タイヤおよびチューブ製造業ならびに工業用ベルト製造業を除く）	3億円以下		900人以下
卸売業	1億円以下		100人以下
サービス業	5,000万円以下		100人以下
ソフトウェア業または情報処理サービス業	3億円以下		300人以下
旅館業	5,000万円以下		200人以下
小売業	5,000万円以下		50人以下

出所：中小企業庁ホームページ資料を一部加工

(3) 会社事業後継者の要件

　会社事業「後継者」とは、旧代表者から当該特例中小会社の株式等の贈与を受けた者（以下「特定受贈者」という）または当該特定受贈者から当該株式等を相続、遺贈もしくは贈与により取得した者であって、当該特例中小会社の総株主（株主総会において決議をすることができる事項の全部につき議決権を行使することができない株主を除く）または総社員の議決権の過半数を有し、かつ、当該特例中小会社の代表者であるものをいう。

❼ 手続

　推定相続人全員による除外合意あるいは固定合意は、経済産業大臣の確認および家庭裁判所の許可を得ることによって、その効力が生じる〔図表2−12〕。

　なお、遺留分の放棄については、遺留分を放棄しようとする者が自ら個別に家庭裁判所に申立てをして、許可を受ける必要があり、非後継者が負担を強いられることになるが、民法の特例を受けるにあたっての経済産業大臣への申請者および家庭裁判所への申立人は

〔図表2−12〕民法の特例の手続

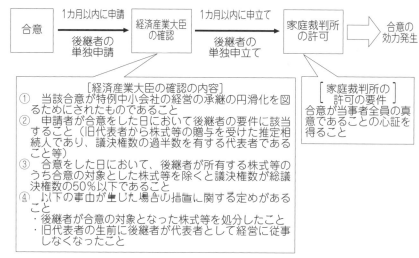

出所：中小企業庁ホームページ資料を一部加工

いずれも後継者単独とされている。

(1) 経済産業大臣の確認

旧代表者の推定相続人の全員で合意書面を作成し、後継者は、その合意をした日から1カ月以内に、所定の申請書に一定の書類を添付して、経済産業大臣に提出する必要がある。実際の提出先は、経済産業省本省（中小企業庁事業環境部財務課）となるが、特例中小会社の主たる事業所の所在地を管轄する地方経済産業局を経由して本省に提出することもできる。確認申請に必要となる申請書および主な添付書類は以下のとおりである。

- 遺留分に関する民法の特例に係る確認申請書
- 合意に関する書面
- 合意時の価額に係る弁護士等の証明書
- 合意の当事者の印鑑登録証明書
- 定款の写し
- 登記簿謄本（登記事項証明書）
- 従業員（厚生年金保険および健康保険加入者および一定の75歳以上の者等）の人数を証する書類
- 直前3事業年度の貸借対照表、損益計算書、事業報告書
- 特例中小会社が上場会社等に該当しない旨の誓約書
- 旧代表者のすべての推定相続人を明らかにする戸籍謄本等
- 株主名簿の写しなど

なお、確認を受けた後継者には、経済産業大臣から確認書が交付される。また、合意の当事者は経済産業大臣が確認したことを証明した書面（確認証明書）の交付を請求することができる。

(2) 家庭裁判所の許可

後継者は、経済産業大臣の確認を受けた日から1カ月以内に、申立書に一定の書類を添付して、旧代表者の住所地の家庭裁判所に許可の申立てを行う必要がある。家庭裁判所は、書面照会や面談を通じてその合意が当事者の全員の真意に出たものであるとの心証が得られれば合意を許可することになる。許可の審判が確定すると合意の効力が生じる。申立てに必要となる申立書および主な添付書類は以下のとおりである。

- 申立書
- 遺留分に関する民法の特例に係る確認証明書（経済産業大臣作成）

- 合意に関する書面の写し
- 推定相続人全員の戸籍謄本
- 旧代表者の戸籍、除籍、改製原戸籍謄本（出生から現在までのもの）
- 収入印紙800円
- 連絡用の郵便切手など

⑧ 合意効力の消滅

除外合意あるいは固定合意は、以下の事由が生じたときに効力を失うとされている。

①経済産業大臣の確認が取り消された場合

②旧代表者の生存中に後継者が死亡し、または事業後継者が精神の機能の傷害により代表者の職務を適正に行うにあたって必要な認知、判断および意思疎通を適正に行うことができない者に該当するに至った場合

③合意の当事者以外の者が新たに旧代表者の推定相続人になった場合

④合意の当事者の代襲者が旧代表者の養子となった場合

特に上記③は注意する必要がある。旧代表者に子どもが誕生したり、養子縁組をした場合など、新たに遺留分の権利を有する者が生じた場合には、合意の効力は消滅してしまうので、新たに当事者となった者を加えて合意をやり直す必要がある。

第 **3** 章

事業承継対策

第 1 節

自社株対策の考え方

❶ 事業承継対策の必要性

　堅実な中小企業の場合、創業者の社会的信用には大きなものがあり、これがその企業に対する社会的信用の支えになっている。一朝一夕にこの信用を事業の承継者が備えることは困難であり、後継者教育が問題になる。

　また、中小企業の特質として、経営権（社長の地位）と支配権（株式）とが分離されていないことが挙げられる。経営者には「自分の会社」という意識が強く、事業の承継にあたっては、自分の身内を後継者とし、かつその者に所有株式の大部分を持たせたいという気持ちが強い。経営権の承継は経営の問題にとどまるが、所有権の承継には相続税や贈与税という税負担が伴う（後継者への売却による承継の場合には後継者の買取資金の手当てが必要となる）。

　好調な業績や土地の含み益などが株価を引き上げ、それが多額な相続税へとはね返るが、株式自体には換金性がない（換金性があったとしても、売却すれば支配権を確保できない）ため、相続税の納税に困難を来すことになる。したがって、事業承継対策としての自社株対策の重要性は大きい。

　現在、わが国における法人の99％は中小企業であり、ほぼすべての中小企業がいずれは事業承継問題に直面することになる。中小企業の事業承継対策としては、後継者の育成はもちろん、特に自社株対策が大きな関心事になる。

　自社株対策の必要性は以下のポイントに起因する。

（1）世代交代期の到来

　わが国の中小企業の大部分は、戦後1940年代、1950年代に創業された同族会社である。このとき事業を起こした創業者の大多数は、現在高齢となっており、既に会社の経営を後継者に委ねている人も多く、現実に多くの中小企業が世代交代を進めている。

（2）資本と経営の承継

「資本と経営の分離」が資本主義経営の特色の1つだが、大部分の中小企業にとって、これは現実には不可能に近い。したがって、経営者は、経営権と支配権の双方を承継する必要がある。

（3）相続税負担の増大

経営の承継に相続税はかからないが、株式の承継については相続税や贈与税がかかる。一般的に同族会社の場合、経営者の持株割合が高い傾向にあり、相続の開始があると、後継者は相続税の納付に苦しみ、ひいては会社の円滑な経営もままならない場合が出てくる。

また、中小企業の株式は、通常「市場での取引」の対象にはならず、取引相場はない。そこで、経営者一族が株式を相続するときに適用される「取引相場のない株式」の評価については「類似業種比準方式」「純資産価額方式」「併用方式」のいずれかが適用され、その評価には次の問題が生じることがある。

① 類似業種比準方式の場合

類似業種比準方式は、評価会社と業種が類似する複数の上場会社の平均株価をもとに、配当金額・利益金額・純資産価額の3要素と比準して評価額とするものである。このため、比較する株式の市場価格が高い場合、たとえば、業績のあまりよくない無配会社であっても株価だけは高いといった現象も起きる。

② 純資産価額方式の場合

純資産価額方式は、会社の資産の相続税評価額を基準にして評価額を求めるものである。土地や借地権の相続税評価額の上昇、および内部留保の厚い会社の場合は、その影響をまともに受けるため、株価が高くなる場合が多い。たとえば、業種柄土地保有の多い企業（倉庫業・運送業・不動産賃貸業）、地価の高い市街地で広い土地を必要とする業種（食料品店・衣料品店・スーパーマーケット）、歴史が古く内部留保の多い企業などは特に高株価になりやすい。

❷ 事業承継対策の基本的スキーム

事業承継対策は、財産の状況、相続人間の関係、経営者の持株シェア、さらには株価を考慮したうえで総合的に検討する必要がある。一般的には以下のステップで対策を検討す

るのが望ましい。

① ステップ1：株価の計算・相続税額の把握

自社の株価を計算することから対策がスタートする。株価を計算する目的は、以下のとおりである。

- 自社株の資産価値を知り相続税額を把握し、対策の必要性、緊急性を認識する
- 株価を高くしている要因をつかみ、対策を考えるための資料とする

② ステップ2：評価引下げ対策の検討

取引相場のない株式の評価方法は、会社の規模や株主の態様により異なるが、原則的な評価方法としては、類似業種比準方式と純資産価額方式の2つがある。いずれの方式にせよ、算出された評価額がなぜ高額になっているのか、その原因を分析し、その会社に合うように評価引下げ対策を行う。

③ ステップ3：後継者への移転方法の検討

一般に、業績のよい会社は企業の内部留保も年々増加するので、株価は年々上昇する。そこで、株価の引下げだけでなく、同時に自社株の後継者への移転方法を検討する必要があるが、同族会社の場合は、後継者に会社の支配権を確保させることが不可欠となる。この際、以下の2点がポイントになる。

- 株式の移転に伴う税金、すなわち譲渡所得税、贈与税等の仕組みを理解する
- 将来の株主構成のあり方を念頭に置きながら検討する

④ ステップ4：株式分散の検討

いろいろな対策を講じても、株価が依然高い水準にある場合や、時間的制約や資金的制約のため自社株の後継者への移転がうまくいかない場合は、自社株を同族外へ分散する方法も検討する必要がある。

従業員持株会や中小企業投資育成株式会社を活用し、それらに自社株を保有してもらう方法などがその一例だが、経営権の問題がからむため、株主構成のあり方や経営権の確保の方法について留意する必要がある。

⑤ ステップ5：納税資金の確保

納税資金の確保を常に念頭に置き、中長期にわたって準備期間がある場合は、後継者の所得を増やすなどの方法で、財源を後継者にも作らせることが必要である。

以上の点を簡単なフローチャートにまとめると〔図表3－1〕のとおりになる。

〔図表3－1〕事業承継対策（自社株対策）フローチャート

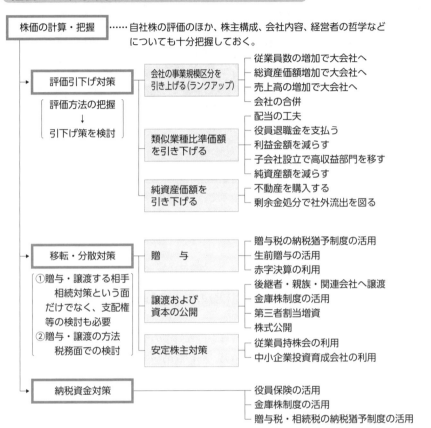

株価の計算・把握　……自社株の評価のほか、株主構成、会社内容、経営者の哲学など
についても十分把握しておく。

評価引下げ対策

評価方法の把握
↓
引下げ策を検討

会社の事業規模区分を
引き上げる（ランクアップ）
- 従業員数の増加で大会社へ
- 総資産価額増加で大会社へ
- 売上高の増加で大会社へ
- 会社の合併

類似業種比準価額
を引き下げる
- 配当の工夫
- 役員退職金を支払う
- 利益金額を減らす
- 子会社設立で高収益部門を移す

純資産価額を
引き下げる
- 純資産額を減らす
- 不動産を購入する
- 剰余金処分で社外流出を図る

移転・分散対策

①贈与・譲渡する相手
相続対策という面
だけでなく、支配権
等の検討も必要
②贈与・譲渡の方法
税務面での検討

贈　与
- 贈与税の納税猶予制度の活用
- 生前贈与の活用
- 赤字決算の利用

譲渡および
資本の公開
- 後継者・親族・関連会社へ譲渡
- 金庫株制度の活用
- 第三者割当増資
- 株式公開

安定株主対策
- 従業員持株会の利用
- 中小企業投資育成会社の利用

納税資金対策
- 役員保険の活用
- 金庫株制度の活用
- 贈与税・相続税の納税猶予制度の活用

第3章

第**2**節

株数対策（所有株式の移転）

❶ 贈与による方法

　相続税は贈与税に比べ税率の累進度が低いので、税負担のみを考えると、一般に相続を待って株式を移転したほうが有利である。しかし、自社株を所有することは経営権につながるものであるから、相続が「争族」となったときには、後継者の立場が危ぶまれることも考えられる。

　そこで、生前贈与をしておけば後継者のみに自社株を渡すことができる（注）。相続の場合は、たとえ遺言書があったとしても、遺留分の侵害額請求などがあれば遺言書どおりに分割できない場合がある。

　高い税負担を甘受しても後継者への生前贈与を行う対策の意義はこうした点にある。

　生前贈与の方法として、たとえば、贈与税の基礎控除の範囲内で贈与したり、相続税の税率より低い贈与税率で贈与したりすることが可能である。この場合には後日、贈与を否認されないように贈与の事実を証明する贈与契約書等を準備しておくことが必要である。

　また、相続時精算課税制度の利用も考えられる。

注 後継者に贈与された自社株等は遺産分割時に時価で持戻しとなり、「遺留分の侵害額請求」の対象となる。そこで遺留分に関する民法の特例等により、事前に対策を行っておく必要がある。

❷ 譲渡による方法

　譲渡により株式を移転する場合は、譲渡価額がポイントになる。

　前述のように、自社株の所有者であるオーナー経営者がだれに譲渡するかにより、税務上適正な譲渡価額は異なる。これは、譲渡する者にとっては譲渡所得税等の税負担に影響し、譲渡される者にとっては買取資金の調達にかかわる問題となる。

　自社株という性格上、譲渡先についても慎重に吟味しなければならない。たとえ、1株しか所有しなくても、株主である以上、その権利を主張することが考えられ、会社経営の撹乱要因になることもある。特に、会社法では少数株主権が拡充されているので、株式の分散は好ましいことではない。

　譲渡先としては、①後継者を含む同族関係者、②関係会社、③自社、④従業員あるいは従業員持株会、⑤仕入先や販売先などの取引先などが考えられる。

　また、譲渡する株式は経営権の安定のため、普通株式ではなく種類株式に転換してから譲渡する方法もある。たとえば、後継者に譲渡する場合は拒否権付株式とし、従業員持株会や取引先等へ譲渡する場合は議決権制限株式が考えられる。

　なお、種類株式への転換や発行は定款変更を伴い、原則として株主総会の特別決議が必要である。種類株式への転換は上記に加え、種類株主となる株主及び普通株主全員の同意が必要である。

(1) 後継者を含む同族関係者への譲渡

　自社株の譲渡先としては会社の後継者が最も望ましい。ただし、後継者や同族関係者であれば、基本的に譲渡価額は原則的評価方式による相続税評価額となり、高い価額で譲渡せざるを得ないことになる。このような場合、譲渡者にとっては譲渡所得税等の負担が大きく、譲受者にとっても買取資金の調達に腐心しなければならない。

　贈与であれば、受贈者側に税負担が発生するだけなので、贈与と譲渡を秤量しながら実行することになる。

　また、同族関係者でも甥や姪等に対して、配当還元価額での株式移動が可能となり、税負担等が抑えられる場合がある。ただし、同族関係者といえども株主数が増えるとその後の相続発生により分散が加速するので、経営権の確保が将来困難になる可能性がある。

(2) 従業員あるいは従業員持株会への譲渡

　従業員に譲渡する場合の価額は、同族関係者でない限り、配当還元価額で税務上問題はない。しかし、退職などにより従業員としての身分を失った場合、会社経営からまったく離れてしまうため、退職時などに、その者から株式を買い戻すなどの処理が必要である。

　そうした点から、従業員個々人に株式を所有させるのではなく、従業員持株会という組織を通じて株式を所有させたほうが安定株主としても機能しやすく、事務処理の煩雑さからも解放される。従業員持株会に譲渡する場合の価額も、**配当還元価額**で税務上問題ない。

　従業員持株会の概要や特徴は、次のとおりである。

① 従業員持株会の目的

a．長期安定株主の確保

従業員株主は、長期間、株式を保有する傾向にある。非上場会社では、持株会規約等によって株券の引出しに一定の制限を設け、社外流出を防止したり、売却株式の受け皿機能をもたせたりして、安定株主の性格を強めることもできる。

b．従業員の経営参加意識の高揚

自社株を保有することにより、従業員の経営参加意識の高揚が図れ、モラールのアップ、定着率の向上が期待できる。

c．従業員の財産形成

通常、非上場会社の従業員は自社株を取得するのが困難だが、持株会組織によって持株会を通じて自社株を取得することが可能となる。特に株式上場を計画しているような会社においては、株式上場の実現により従業員の一層の財産形成を図ることができる。

また、株式上場の計画がなくても、奨励金を付与することにより従業員の財産形成に資することができる。

d．オーナー経営者の相続税対策

オーナー経営者にとって、従業員持株会は安定株主の確保とともに相続税対策にも効果がある。

② 従業員持株会のメリット

従業員持株会のメリットは、会員資格を従業員に限定することにより、従業員の所有する株式の社外流出を持株会規約によって防止できることである。

従業員持株制度の形態には、直接購入型と持株会型がある。

a．直接購入型

持株会を構成している従業員が直接株主になる。持株会は株式の取得、譲渡の斡旋を行うだけである。

b．持株会型

従業員が持株会を組織し、持株会が自社株を取得する。構成している従業員は持株会が所有する株式について、自分の出資割合に応じた持分を共有する。すなわち、株式の名義は持株会の理事長となる。

従業員持株会を安定的に運用するためには、持株会型を採用し、従業員持株会の規約において以下の事項を定めておく必要がある。

- 株式の買取先

安定株主の確保という点では、社外に流出することなく、持株会で買い取るように

するほうが安心である。

● 株式の売買価額

　持株会に関するトラブルで多いのは買取価額の問題である。買取価額をあらかじめ定めておくことにより、従業員が持株会を退会する際の不満を抑える未然の対策になる。

第3節

株価対策（評価額の引下げ）

株価対策には、以下の3つのアプローチが考えられる。

① 会社規模の調整

原則的評価方式においては会社の規模区分により、併用方式における純資産価額と類似業種比準価額の割合（Lの割合）が異なる。したがって、会社規模を調整することにより評価引下げを行う。

② 類似業種比準価額の引下げ

類似業種比準価額を引き下げるには、類似業種比準価額の算定要素に着目して評価引下げを行う。

③ 純資産価額の引下げ

純資産価額を引き下げるには、純資産価額の算定要素に着目して評価引下げを行う。

また、特定の評価会社に該当する場合は特定の評価会社から外れる対策も考えられる。

❶ 取引相場のない株式の評価方式

上場株式や気配相場のある株式以外の株式を「取引相場のない株式」という。事業承継対策等においては、取引相場のない株式のことを自社株ということが多い。取引相場のない株式を相続税・贈与税において評価する場合の具体的な評価方式は、〔図表3-2〕のように定められている。

原則的評価方式と特例的評価方式のどちらの評価方式を適用するかは、自社株を相続・遺贈・贈与等により取得した者が、その会社を支配しているか否かによって決まる。

原則的評価方式においては、会社規模により具体的な評価方式が異なる。大会社・中会社・小会社の会社規模は、評価会社の従業員数、総資産価額、取引金額によって決まる。

具体的な評価方式は、類似業種比準方式、純資産価額方式、併用方式、配当還元方式の4つであり、これらの評価方式の判定とは別に、総資産価額に対して一定割合以上の株式

等または土地等を保有する会社等の株式については、特定の評価会社として、原則、純資産価額方式で評価する〔図表3－3〕。

〔図表3－2〕自社株の評価方式

株主区分	同　族　株　主　等		同族株主等以外
評価方式	原　則　的　評　価　方　式		特例的評価方式
会社規模	特定の評価会社	一般の評価会社	
大会社	原則として純資産価額方式	類似業種比準方式	配当還元方式
中会社		類似業種比準方式と純資産価額方式の併用方式	
小会社		純資産価額方式 (中会社と同じ併用方式の選択可)	

（※）いずれの評価方法でも、純資産価額が低いときは純資産価額方式を採用できる。

〔図表3－3〕自社株評価の流れ

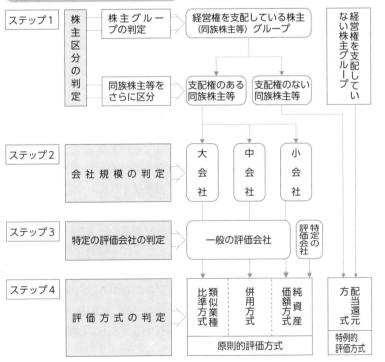

❷ 株主区分の判定

(1) 会社の支配力により異なる評価方式

　上場株式の場合、同一銘柄の株式の評価額は、株式の取得者にかかわらず同一価額である。

　これに対して、取引相場のない株式については、その会社に対する支配力に応じて株主を区分して、それぞれ異なる評価方式を適用する。支配力のある株主の取得した株式は原則的評価方式を適用して評価し、支配力のない株主の取得した株式は特例的評価方式を適用して評価する。つまり、自社株にあっては、同一銘柄について異なる2つの評価額が算出されることとなり、一物二価となっている。

(2) 株主区分の判定

　株主区分は、

① 　評価会社に同族株主がいるか

② 　株式の取得者は同族株主等か

③ 　株式の取得者の議決権割合はいくらか

により判定する。

　同族株主のいる会社では、同族株主が取得した株式（株式の取得者の議決権割合の判定により、議決権割合が5％未満の特定の株主を除く）は、原則的評価方式によって評価する。同族株主以外の株主が取得した株式は、特例的評価方式で評価する。

　同族株主のいない会社では、株主の1人およびその同族関係者が所有する株式の議決権割合が15％以上となる株主グループに属する株主（以下、同族株主と合わせて「**同族株主等**」という）が取得した株式（株式の取得者の議決権割合の判定により、議決権割合が5％未満の特定の株主を除く）は、原則的評価方式によって評価する。それ以外の株主が取得した株式は、特例的評価方式で評価する。

　上記の判定における同族株主とは、株主の1人およびその同族関係者を1グループとし、課税時期における評価会社の株主のうち、その株主グループの所有する議決権の合計数が議決権総数の**30％以上**であるグループに属する株主をいう。ただし、筆頭株主グループの議決権割合が50％超である会社については、その50％超所有するグループの株主のみが同族株主となる。

　法人税法でいう同族会社の判定方法とは異なるので、法人税法上の同族会社であるからといって、同族会社の判定基礎となった株主がすべて同族株主となるわけではないので注意が必要である。

　以上の判定方法をフローチャートにしたものが、〔図表3－4〕である。

　同族関係者とは、法人税法施行令4条に定める特殊の関係にある個人および法人をいい、具体的には次のものをいう。

① 　次のいずれかに該当する個人

　a．株主等の親族

　b．株主等とまだ婚姻の届出をしていないが事実上婚姻関係と同様の事情にある者

　c．株主等（個人である株主に限る。d.においても同じ）の使用人

　d．上記 a.～ c.に掲げる者以外の者で株主等から受ける金銭その他の資産によって生計を維持している者

　e．上記 b.～ d.に掲げる者と生計を一にするこれらの者の親族

② 　次のいずれかに該当する法人

　a．株主等の1人（個人である株主等については、その1人およびこれと上記①に規定する特殊の関係にある個人。以下、この項において同じ）が有するほかの会社の発行済株式の総数または出資金額の合計額が当該他の会社の発行済株式の総数または出資

〔図表3－4〕株主区分の判定

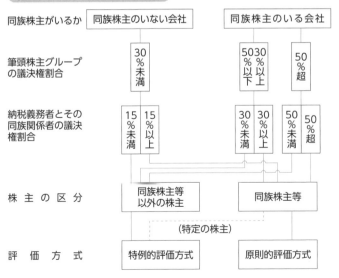

金額の50%超に相当する場合における当該他の会社

b．株主等の1人および上記 a．に規定する特殊の関係にある会社が有するほかの会社の発行済株式の総数または出資金額の合計額が当該他の会社の発行済株式の総数または出資金額の50%超に相当する場合における当該他の会社

c．株主等の1人および上記 a．b．に規定する特殊の関係にある会社が有するほかの会社の発行済株式の総数または出資金額の合計額が当該他の会社の発行済株式の総数または出資金額の50%超に相当する場合における当該他の会社

③　同一の個人または法人と上記②に規定する2以上の会社が、同族会社であるかどうかを判定しようとする会社の株主等である場合には、その2以上の会社は、相互に特殊の関係にある会社とみなす。

（3）同族株主等が取得した株式のうち特例的評価方式となるもの

同族株主等が取得した株式であっても、議決権割合が5％未満となる株主が取得した株式のうち一定の条件に当てはまるものは、会社に対する支配力が小さいため、特例的評価方式（配当還元方式）で評価する〔図表3－5〕。

「同族株主」の判定は、グループとして行うが、「中心的な同族株主」および「中心的な

〔図表3－5〕特定の株主の判定

区分	株主の態様				評価方式
同族株主のいる会社	同族株主(※1)	議決権割合が5％以上の株主			原則的評価方式
		議決権割合が5％未満の株主	中心的な同族株主(※2)がいない場合		
			中心的な同族株主(※2)がいる場合	中心的な同族株主(※2)	
				役員である株主(※4)	
				その他の株主	特例的評価方式
	同族株主以外の株主				
同族株主のいない会社	議決権割合の合計が15%以上の株主グループに属する株主	議決権割合が5％以上の株主			原則的評価方式
		議決権割合が5％未満の株主	中心的な株主(※3)がいない場合		
			中心的な株主がいる場合(※3)	役員である株主(※4)	
				その他の株主	特例的評価方式
	議決権割合の合計が15%未満の株主グループに属する株主				

（※1）　議決権割合が50%超のグループに属する株主。どの同族グループも50%以下の場合は30%以上のグループに属する株主。
（※2）　本人、配偶者、直系血族、兄弟姉妹、1親等の姻族で議決権割合が25%以上となる株主。
（※3）　議決権割合が15%以上のグループに属し、かつ、単独で10%以上の株主。
（※4）　課税時期に役員である場合と課税時期の翌日から法定申告期限までに役員となる場合。

株主」の判定は、判定しようとする個々の株式取得者ごとに行う。

③ 会社規模の判定

(1) 会社規模の区分

　取引相場のない株式は、会社の事業規模に応じ、大会社・中会社・小会社に区分される。
　原則的評価方式では、大会社は類似業種比準方式、中会社は併用方式、小会社は純資産
価額方式が原則として適用される。

第3章

例　題

Q:

　甲社の同族株主グループの株主であるA〜Gは、相続または遺贈により甲社株
式を取得し、その後の議決権割合等は次のとおりである。次の株主のうち、特例
的評価方式で評価する者はだれか。

　なお、甲社の役員となっている者は、株主Aのみである。

株主	株主Aとの関係	議決権割合（%）
A	本　人	20
B	妻	10
C	長　男	10
D	父	3
E	弟	3
F	甥(Eの長男)	3
G	従兄	3
合　　計		52

A:

① 　株主A〜Gは同族関係者であり、甲社の議決権割合の50％超を所有している
　ので株主A〜Gは同族株主となり、甲社は同族株主のいる会社となる。
② 　A〜Cは単独で議決権割合が5％以上となるので原則的評価方式が適用され
　る。

③　Dからみた場合、中心的な同族株主の判定に入る株主は、A、B、C、D、E、Fとなり、その議決権割合は49％である。25％以上であるため、Dは中心的な同族株主となる。

④　Eからみた場合、中心的な同族株主の判定に入る株主は、A、D、E、Fとなり、その議決権割合は29％である。25％以上であるため、Eは中心的な同族株主となる。

⑤　Fからみた場合、中心的な同族株主の判定に入る株主は、D、E、Fとなり、その議決権割合は9％である。25％未満であるため、Fは中心的な同族株主とならない。

⑥　Gからみた場合、中心的な同族株主の判定に入る株主は、Gとなり、その議決権割合は3％である。25％未満であるため、Gは中心的な同族株主とならない。

したがって、FとGに特例的評価方式が適用される。

（2）会社規模の判定基準

会社規模は、

① 　従業員数が**70人以上**の会社は**大会社**

② 　従業員数が70人未満の会社は、「**直前期末以前1年間における取引金額**」「**直前期末における総資産価額および従業員数**」を判定基準として、業種の区分ごとに、〔図表3－7〕によって区分する

判定要素等の定義は次のとおりである。

- 業種の区分…卸売業等の業種の区分は、総務省が公表している日本標準産業分類に基づいて行う。
- 課税時期……相続税および贈与税の課税日、すなわち、相続・遺贈、贈与により株式を取得した日をいう。
- 直前期末……課税時期の直前に終了した事業年度の末日をいう。
- 取引金額……課税時期の直前期末以前1年間の売上高をいう。
- 総資産価額…課税時期の直前期末における評価会社の各資産の帳簿価額の合計をいう。
- 従業員数……次の算式で算出する。

〔図表3－6〕中心的な同族株主判定の基礎となる同族株主の範囲

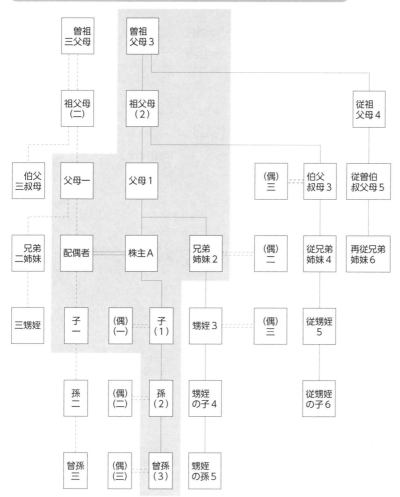

（※1）アラビア数字は血族、漢数字は姻族を、（偶）は配偶者を示している。
（※2）親族の範囲……親族とは①六親等内の血族、②配偶者、③三親等内の姻族をいう。
（※3）株主Aについて判定する場合、色アミの部分が中心的な同族株主の範囲となる。

第3章

〔図表3-7〕 会社規模の判定とLの割合

○卸売業

総資産価額および従業員数 ＼ 取引金額	2億円未満	2億円以上3億5,000万円未満	3億5,000万円以上7億円未満	7億円以上30億円未満	30億円以上
7,000万円未満または5人以下	小会社（L＝0.50）				
7,000万円以上5人以下を除く		中会社の小（L＝0.60）			
2億円以上20人以下を除く			中会社の中（L＝0.75）		
4億円以上35人以下を除く				中会社の大（L＝0.90）	
20億円以上35人以下を除く					大会社

○小売・サービス業

総資産価額および従業員数 ＼ 取引金額	6,000万円未満	6,000万円以上2億5,000万円未満	2億5,000万円以上5億円未満	5億円以上20億円未満	20億円以上
4,000万円未満または5人以下	小会社（L＝0.50）				
4,000万円以上5人以下を除く		中会社の小（L＝0.60）			
2億5,000万円以上20人以下を除く			中会社の中（L＝0.75）		
5億円以上35人以下を除く				中会社の大（L＝0.90）	
15億円以上35人以下を除く					大会社

○卸売業、小売・サービス業以外の業種

総資産価額および従業員数 ＼ 取引金額	8,000万円未満	8,000万円以上2億円未満	2億円以上4億円未満	4億円以上15億円未満	15億円以上
5,000万円未満または5人以下	小会社（L＝0.50）				
5,000万円以上5人以下を除く		中会社の小（L＝0.60）			
2億5,000万円以上20人以下を除く			中会社の中（L＝0.75）		
5億円以上35人以下を除く				中会社の大（L＝0.90）	
15億円以上35人以下を除く					大会社

従業員数

$$直前期末以前1年間の継続勤務従業員の数^{(※)} + \frac{継続勤務従業員以外の従業員の直前期末以前1年間における労働時間の合計時間数}{1,800時間}$$

（※）　継続勤務従業員とは、直前期末以前1年間その会社に継続して勤務していた従業員で、就業規則等で定められた1週間当たりの労働時間が30時間以上である従業員をいう。なお、従業員には、社長、理事長など法人税法施行令で定められる役員は含まれない。

実務上のポイント

- 会社規模は、従業員数が70人以上の会社は大会社となる。
- 同族株主とは、株主の1人およびその同族関係者を1グループとし、課税時期における評価会社の株主のうち、その株主グループの所有する議決権の合計数が議決権総数の30%以上であるグループに属する株主をいう。ただし、筆頭株主グループの議決権割合が50%超である会社については、その50%超を所有するグループの株主のみが同族株主となる。
- 同族株主のいる会社における中心的な同族株主とは、本人、配偶者、直系血族、兄弟姉妹、1親等の姻族で議決権割合が25%以上となる株主である。

❹ 類似業種比準方式

(1) 類似業種比準方式の算式

類似業種比準方式は、原則として大会社の評価に適用する。

類似業種比準方式は、評価しようとする会社と事業内容が類似する上場会社の株価に比準して、配当・利益・簿価純資産（この3要素を比準要素という）の3要素で、その株式の価額を求めようとする方式である。会社の業績の反映である配当・利益・簿価純資産が高い会社は評価額が高くなる。

類似業種比準価額

$$A \times \frac{\dfrac{\text{Ⓑ}}{B} + \dfrac{\text{Ⓒ}}{C} + \dfrac{\text{Ⓓ}}{D}}{3} \times 斟酌率 \times \frac{1株当たりの資本金等の額}{50円}$$

A…類似業種の株価（課税時期の属する月以前3カ月間の各月および前年平均額ならびに課税時期の属する月以前2年間の平均額のうち最も低い金額）
B…課税時期の属する年の類似業種の1株当たりの配当金額
C…課税時期の属する年の類似業種の1株当たりの年利益金額
D…課税時期の属する年の類似業種の1株当たりの簿価純資産価額
Ⓑ…評価会社の直前期末および直前々期末における1株当たりの配当金額の平均額
Ⓒ…評価会社の直前期末以前1年間または2年間の年平均における1株当たりの利益金額のうちいずれかを選択
Ⓓ…評価会社の直前期末における1株当たりの簿価純資産価額
斟酌率…**大会社：0.7、中会社：0.6、小会社：0.5**

$$1株当たりの資本金等の額 = \frac{直前期末の資本金等の額}{直前期末の発行済株式数（自己株式を除く）}$$

（※1）　Ⓑ、Ⓒ、Ⓓは、1株当たりの資本金等の額を50円とした場合の1株当たりのものを用い、マイナスの場合はゼロとする。
（※2）　A、B、C、Dの各数値は、国税庁が同種事業の上場会社の株価等から算定した公表数値（「類似業種比準価額計算上の業種目及び業種目別株価等」）を用いる。
（※3）　業種は業種目別に、大分類・中分類・小分類に区分されている。その業種目が小分類に区分されているものにあっては小分類による業種目、小分類に区分されていない中分類のものにあっては中分類の業務目による。ただし、納税義務者の選択により、類似業種が小分類による業種目にあってはその業種目の属する中分類の業種目、類似業種が中分類による業種目にあってはその業種目の属する大分類の業種目を、それぞれ類似業種とすることができる。
（※4）　評価会社が複数の業種目を兼業している場合は、そのうち単独の業種目に係る収入が50％超の業種目による。

（※5）　$\dfrac{Ⓑ}{B}$、$\dfrac{Ⓒ}{C}$、$\dfrac{Ⓓ}{D}$、$\left(\dfrac{Ⓑ}{B}+\dfrac{Ⓒ}{C}+\dfrac{Ⓓ}{D}\right)\div3$ のそれぞれの数値は、小数点第2位未満を切り捨てる。1株当たり資本金等の額50円当たりの類似業種比準価額は、10銭未満を切り捨てる。また、評価株式の1株当たりの類似業種比準価額は円未満を切り捨てる。

(2) 各比準要素の算出

①　1株当たりの配当金額（Ⓑ）

　評価会社の**直前期末以前2年間**における剰余金の配当金額の**平均額**を、直前期末における株式1株当たりの資本金等の額を50円とした場合の発行済株式数で除して計算した金額である。

　この場合の年平均配当金額の算定にあたっては、特別配当、記念配当等の名称による配当金額のうち、将来毎期継続することが予想できないものは、これを除いて計算する。

1株当たりの配当金額

$$\frac{\begin{array}{c}\text{直前期末以前2年間}\\\text{における剰余金の配}\\\text{当金額}\end{array}-\begin{array}{c}\text{左記期間の}\\\text{非経常的な}\\\text{配当金額}\end{array}}{2}\div\begin{array}{c}\text{1株当たりの資本金等}\\\text{の額を50円とした場合}\\\text{の発行済株式数}\\\text{（資本金等の額}\div50\text{円）}\end{array}=Ⓑ$$

　（※）　Ⓑの金額は、10銭未満を切り捨てる。

②　1株当たりの利益金額（Ⓒ）

　評価会社の直前期末以前1年間における法人税の課税所得金額を基に、直前期末における株式1株当たりの資本金等の額を50円とした場合の発行済株式数で除して計算した金額である。年利益金額は、**直前期末以前2年間の平均額**と**直前期末以前1年間**の金額のうち、いずれかを選択することができる。

1株当たりの利益金額

$$\left\{\begin{array}{c}\text{法人税}\\\text{の課税}\\\text{所得金}\\\text{額}^{(※1)}\end{array}-\begin{array}{c}\text{非経常}\\\text{的な利}\\\text{益の額}\\^{(※2)}\end{array}+\begin{array}{c}\text{所得の計算上益金に算入}\\\text{されなかった剰余金の配}\\\text{当（資本金等の額の減少}\\\text{によるものを除く）等の}\\\text{金額（所得税額に相当す}\\\text{る金額を除く）}^{(※3)}\end{array}+\begin{array}{c}\text{損金に算入}\\\text{された繰越}\\\text{欠損金の控}\\\text{除額}^{(※4)}\end{array}\right\}\div\begin{array}{c}\text{1株当たりの}\\\text{資本金等の額}\\\text{を50円とした}\\\text{場合の発行済}\\\text{株式数}\end{array}=Ⓒ^{(※5)}$$

（※1）　法人税申告書別表四の「所得金額又は欠損金額」の金額をいう。
（※2）　固定資産売却益、保険差益等の非経常的な利益の金額をいう。
（※3）　法人税申告書別表四の「受取配当金の益金不算入額」から、法人税額から控除される所得税額のうち「受取配当金の益金不算入額」の対象となった受取配当金等に対応する金額を控除した金額をいう。
（※4）　法人税申告書別表四の「欠損金又は災害損失金の当期控除額」の金額をいう。
（※5）　©の金額は円未満を切り捨てる。

③　1株当たりの純資産価額（Ⓓ）

評価会社の直前期末における資本金等の額と法人税法上の利益積立金額（法人税申告書別表五（一）「利益積立金額及び資本金等の額の計算に関する明細書」の差引翌期首現在利益積立金額の差引合計額）の合計額を、直前期末におけるその株式1株当たりの資本金等の額を50円とした場合の発行済株式数で除して計算した金額である。

1株当たりの純資産価額

$$資本金等の額 + \begin{matrix}法人税法に規\\定する利益積\\立金額\end{matrix} \div \begin{matrix}1株当たりの資本金等\\の額を50円とした場合\\の発行済株式数\end{matrix} = Ⓓ$$

（※）　Ⓓの金額は円未満を切り捨てる。

Q: 例　題

次のケースにおける1株当たりの類似業種比準価額はいくらになるか。
（1）評価会社の概要
① 業種：電気工事業
② 直前期末の資本金等の額：5,000万円（発行済株式数10万株）
③ 評価会社の比準要素
　1株（50円）当たりの配当金額　（Ⓑ）：4.2円
　1株（50円）当たりの利益金額　（©）：48円
　1株（50円）当たりの純資産価額（Ⓓ）：245円
④ 会社規模：大会社

（2）類似業種の比準要素等

比準要素等 業種目		中 分 類「設備工事業」	小 分 類「電気工事業」
類似業種の株価	課税日が属する月の平均株価	434 円	246 円
	課税日が属する月の前月の平均株価	384	209
	課税日が属する月の前々月の平均株価	357	197
	課税日が属する月の前年の平均株価	448	294
	課税日が属する月以前２年間の平均株価	422	235
比準要素	１株当たりの配当金額（B）	4.8	4.2
	１株当たりの利益金額（C）	60	35
	１株当たりの純資産価額(D)	460	294

（1）１株（50円）当たりの比準価額

① 中分類での比準価額

$$357円 \times \frac{\dfrac{4.2}{4.8} + \dfrac{48}{60} + \dfrac{245}{460}}{3} \times 0.7$$

$$= 357円 \times \frac{0.87 + 0.80 + 0.53}{3} \times 0.7$$

$$= 357円 \times 0.73 \times 0.7$$

$$= 182.4円 （10銭未満切捨て）$$

② 小分類での比準価額

$$197円 \times \frac{\dfrac{4.2}{4.2} + \dfrac{48}{35} + \dfrac{245}{294}}{3} \times 0.7$$

$$= 197円 \times \frac{1.00 + 1.37 + 0.83}{3} \times 0.7$$

$$= 197円 \times 1.06 \times 0.7$$

$$= 146.1円 （10銭未満切捨て）$$

中分類での比準価額（182.4円）＞小分類での比準価額（146.1円）となり、小分類での比準価額を採用する。

第3章

（2） 1株当たりの資本金等の額

5,000万円÷10万株＝500円

（3） 1株当たりの比準価額

$$146.1円 \times \frac{500円}{50円} = 1,461円 \quad （円未満切捨て）$$

⑤ 純資産価額方式

（1） 純資産価額方式の算式

純資産価額方式は、課税時期に会社を解散して会社財産を処分し清算する場合に、払戻しがいくらあるかを算出し、これを評価額とする方式である。この場合、会社の財産は、その簿価によらないで相続税評価額により評価し、 1株当たりの純資産価額を計算する。所有する土地や株式等の含み益が多い会社の株価は高くなる〔図表 3 － 8〕。

純資産価額

①相続税評価額による純資産価額＝相続税評価額による資産の合計額－負債の合計額
②帳簿価額による純資産価額＝帳簿価額による資産の合計額－負債の合計額
③評価差額に相当する金額＝①－②
④評価差額に対する法人税等相当額＝③×37％
⑤課税時期現在の純資産価額＝①－④
⑥課税時期現在の 1株当たりの純資産価額＝⑤÷課税時期現在の発行済株式数（自己株式控除後）
（※ 1） 純資産価額は、課税時期現在で仮決算をして算出するのが原則であるが、直前期末から課税時期までの間に資産および負債の金額に著しい増減がない場合、直前期末の資産および負債を課税時期の路線価等で評価した金額を用いることができる。
（※ 2） 株式の取得者の属する同族関係者グループの議決権割合が50％以下である場合は⑥×80％（20％減）とする。

（2） 各要素の算出

① 相続税評価額による資産の合計額

相続税評価額による資産の合計額は、課税時期における評価会社の各資産を財産評価基

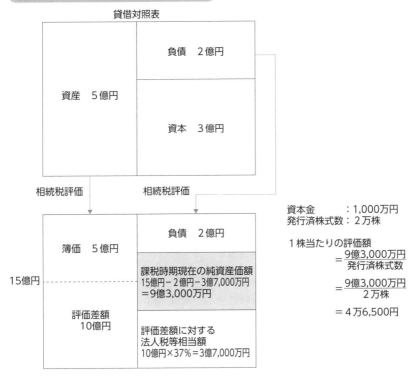

〔図表3－8〕純資産価額方式の考え方

本通達の定めによって評価した価額の合計額による。

　帳簿に資産として計上されていないものであっても、相続税法上の課税財産に該当するもの、たとえば、無償で取得した借地権、特許権や営業権等がある場合には、これらを財産評価基本通達の定めるところにより評価する。なお、被相続人の死亡に伴い、評価会社が受け取った死亡保険金は、生命保険金請求権として、相続税評価額による資産・帳簿価額による資産のいずれにも計上する。

　一方、前払費用や繰延資産等で財産性のないものについては、たとえ帳簿価額があるものであっても評価の対象にしない。

　また、資産のうち評価会社が**課税時期前3年以内**に取得または新築した土地および土地の上に存する権利ならびに家屋およびその付属設備または構築物があるときには、これらの価額は、課税時期の「**通常の取引価額**」で評価する必要がある。なお、家屋等の場合には、取得価額の金額から課税時期までの期間の減価償却費の額の合計額を控除した金額に

よって評価する。

② 負債の金額（相続税評価額・帳簿価額共通）

負債の金額は、課税時期における評価会社の各負債の金額の合計額による。貸倒引当金、退職給与引当金、納税引当金、その他の引当金および準備金に相当する金額は、負債として計上できない。

一方、次に掲げる金額等は、会社計算上の帳簿価額に負債としての記載がない場合であっても、負債に含まれる。

a．未納租税公課、未払利息等の簿外負債の金額

b．被相続人の死亡により、相続人その他の者に支給することが確定した退職手当金、功労金その他これらに準ずる給与の金額

c．死亡保険金を原資として死亡退職金を支払った場合には、死亡退職金を控除した後の保険差益に対する法人税等相当額

③ 帳簿価額による資産の合計額

帳簿価額による資産の合計額は、法人税計算上の帳簿価額である。

減価償却超過額のあるものの帳簿価額は、課税時期におけるその資産の帳簿価額に減価償却超過額を加算した金額とするなど、税務計算上の帳簿価額による。一方、財産性のない前払費用や繰延資産等の帳簿価額は計算しない。

また、現物出資、合併、株式交換または株式移転により著しく低い価額で受け入れた資産がある場合は、現物出資等のときの当該資産の相続税評価額をもって帳簿価額とする。

(3) 評価差額に対する法人税等相当額

評価会社が取引相場のない株式を所有している場合において、評価会社が所有する取引相場のない株式の1株当たりの純資産価額を計算するにあたっては評価差額に対する法人税等相当額控除は適用しない。

たとえば次のようなケースである。

甲社B／S	相評	帳簿	（単位：億円）
乙社株式	？	10	資本金 10

乙社B／S	相評	帳簿	（単位：億円）
土地	500	10	資本金 10

甲社は、時価500億円、帳簿価額10億円の土地を所有していた。甲社のこの土地を現物出資して乙社を設立した。このとき、乙社の資本金を甲社が所有していた土地の時価である500億円とはせずに、10億円とした。

　このケースでＡ氏が所有する甲社株式を純資産価額方式で評価するためには、甲社が所有する乙社株式の相続税評価額を算出しなければならない。上記（（３）の冒頭３行）の規定がない場合、乙社株式を純資産価額方式で計算すると、乙社が所有する土地の相続税評価額500億円と帳簿価額10億円との差額490億円に対する法人税等相当額を控除することができ、乙社株式の相続税評価額は、次のとおり318億7,000万円となる。

　　乙社株式の評価額＝500億円－（500億円－10億円）×37％＝318億7,000万円

　さらに、甲社株式を純資産価額方式で評価する場合にも、上記318億7,000万円と帳簿価額10億円との差額に対して法人税等相当額を控除することができ、甲社株式の相続税評価額は、次のとおり約204億5,000万円となる。

　　甲社株式の評価額＝318億7,000万円－（318億7,000万円－10億円）×37％
　　　　　　　　　　≒204億5,000万円

　このため、甲社が直接土地を所有していたときの甲社株式の相続税評価額318億7,000万円に比較して、評価額が大幅に下がってしまう。

　そこで、この行きすぎた節税策に歯止めをかけるために上記（（３）の冒頭３行）の規定が設けられ、甲社が所有する乙社株式の相続税評価額を計算するにあたっては、法人税等相当額を控除することができないこととされ、節税効果がないようにされている。

　　乙社株式の評価額＝500億円－（500億円－10億円）×０％＝500億円

例　題

Q:

　以下のケースにおける本年12月の純資産価額方式による１株当たりの評価額はいくらになるか。
（１）評価会社の概要
① 課税時期の発行済株式数：４万株
② 決算期：毎年12月決算
（２）12月における評価会社の総資産価額等

区　分	総資産価額	負債金額
帳簿価額	2億2,000万円	6,000万円
相続税評価額	8億円	6,000万円

① 相続税評価額による純資産価額：8億円−6,000万円＝7億4,000万円
② 帳簿価額による純資産価額：2億2,000万円−6,000万円＝1億6,000万円
③ 評価差額に相当する金額：①−②＝5億8,000万円
④ 評価差額に対する法人税等相当額：③×37％＝2億1,460万円
⑤ 課税時期現在の純資産価額：①−④＝5億2,540万円
⑥ 課税時期現在の1株当たりの純資産価額：⑤÷4万株＝1万3,135円

❻ 併用方式

中会社（および小会社）の評価は併用方式で行う。

併用方式は類似業種比準方式と純資産価額方式で算出したそれぞれの評価額を一定の割合（Lの割合という）で加重平均して評価額を算出する方式である。Lの割合は会社規模により決定するが、大会社に近いほどLの割合は高くなり、類似業種比準価額のウエイトが高くなる〔図表3−7〕。

併用方式による評価額

類似業種比準価額[※1]×L＋純資産価額[※2]×（1−L）
　（※1）　上記算式の「類似業種比準価額」の欄に純資産価額を算入することもできる。
　　　　　ただし、この場合は、同族株主の議決権割合が50％以下であっても、純資産価額の20％減の適用をしない価額とする。
　（※2）　上記算式の「純資産価額」の欄には、同族株主の議決権割合が50％以下である場合、純資産価額の20％減の適用をした価額とする。

一般の評価会社の原則的評価方式をまとめると〔図表3−9〕のとおりである。

〔図表3－9〕一般の評価会社の原則的評価方式のまとめ

評価方式 会社規模	原則的評価方式（A、Bいずれか低い金額）	
	A（原則）	B（選択可）
大　会　社	類似業種比準価額	純資産価額（20％減の適用なし）
中　会　社	類似業種比準価額×L＋純資産価額× （1－L）	純資産価額（20％減の適用なし）×L ＋純資産価額×（1－L）
小　会　社	純資産価額	中会社と同じ併用方式

（※）　L＝中会社の大0.90、中会社の中0.75、中会社の小0.60、小会社0.50

第3章

❼ 配当還元方式

　同族株主等以外の株主の取得した株式は、特例的評価方式である**配当還元方式**によって評価する。

　議決権割合が低く会社に対する支配力がない株主は、会社経営に直接タッチせずに、単に配当金を期待して株式を所有するのがほとんどであるため、配当金だけに着目して評価額を算出する方式である。

　具体的には、次の算式によって計算した金額による。

配当還元価額

$$\frac{その株式に係る年配当金額^{（※1）}}{10\%} \times \frac{その株式の1株当たりの資本金等の額}{50円}$$

（※1）　その株式に係る年配当金額は、類似業種比準方式における1株当たりの年配当金額を用いる。ただし、2円50銭未満の場合は2円50銭とする。

（※2）　配当還元価額が原則的評価方式によって計算した価額を超える場合は、原則的評価方式によった価額を株式の評価額とする。

例　題

Q:

以下のケースにおける配当還元価額はいくらになるか。
① 直前期末の資本金等の額：1,000万円
② 直前期末の発行済株式数：2万株
③ 直前期末以前2年間の配当金額：各年100万円

A:

（1）その株式に係る年配当金額

$$\frac{100万円＋100万円}{2} \div \frac{1,000万円}{50円} = 5円$$

（2）1株当たりの資本金等の額

1,000万円÷2万株＝500円

（3）配当還元価額

$$\frac{5円}{10\%} \times \frac{500円}{50円} = 500円$$

❽ 特定の評価会社

(1) 株式等保有特定会社

　株式等の価額の合計額を評価会社の総資産価額で除して算定した相続税評価ベースでの株式等保有割合が**50%以上**である会社の株式を、「株式等保有特定会社の株式」とし、原則として**純資産価額方式**により評価する。株式等とは、株式および出資（新株予約権付社債を含む）をいう。

　ただし、同族株主等以外の株主が取得した株式については配当還元方式により評価する。

(2) 土地保有特定会社

　土地等の価額の合計額を評価会社の総資産価額で除して算定した相続税評価ベースでの

土地保有割合が〔図表3-10〕に該当する会社の株式を、「土地保有特定会社の株式」とし、原則として**純資産価額方式**により評価する（土地等とは土地および土地の上に存する権利をいう）。

ただし、同族株主等以外の株主が取得した株式については配当還元方式により評価する。

（3）開業後3年未満の会社等

課税時期において、次に掲げる①または②に該当する評価会社の株式の価額は、**純資産価額**によって評価する。ただし、同族株主等以外の株主が取得した株式については、配当還元方式により評価する。

① 課税時期において**開業後3年未満の会社**

② 直前期末を基準として計算した、類似業種比準方式の計算の基となる評価会社の「1株当たりの配当金額」「1株当たりの利益金額」および「1株当たりの純資産価額」のそれぞれの金額のすべてがゼロである会社

（4）比準要素数1の会社

類似業種比準方式の計算の基となる評価会社の「1株当たりの配当金額」「1株当たりの利益金額」および「1株当たりの純資産価額」のそれぞれの金額のうち、直前期末を基準として計算したとき、いずれか2要素がゼロであり、かつ、直前々期末を基準として計算したときも2要素以上がゼロ（比準要素数が1）である会社は次の算式による評価額とする。ただし、同族株主等以外の株主が取得した株式については配当還元方式により評価する。

〔図表3-10〕 土地保有特定会社

会 社 区 分				土地保有割合
大会社				70％以上
中会社				90％以上
小会社	総資産価額	卸売業 小売・サービス業 上記以外	20億円以上 15億円以上 15億円以上	70％以上
	総資産価額	卸売業 小売・サービス業 上記以外	7,000万円以上20億円未満 4,000万円以上15億円未満 5,000万円以上15億円未満	90％以上
	上記以外			適用なし

比準要素数1の会社の評価額

次の①、②のうちいずれか低い価額
① 純資産価額方式による評価額
② 類似業種比準価額×0.25＋純資産価額×0.75（Lの割合0.25の併用方式）

比準要素がゼロの判定は、次による。

たとえば、直前期、直前々期、直前々期の前期の各期（事業年度は1年間）において、それぞれ配当金額がゼロ、純資産価額がプラスである会社にあっては、過去3事業年度の利益金額によって、比準要素数1の会社に該当するか否かが判定されることになる。

各事業年度の利益金額が次のケース1～3の場合について考える。

（単位：万円）

	直前期	直前々期	直前々期の前期
ケース1	−100	−100	−100
ケース2	−100	−100	+200
ケース3	−100	+100	−200

1株当たりの利益金額を算定するための事業年度の利益金額については、直前期1年間の利益金額と直前期および直前々期2年間の利益金額の平均金額とのいずれを選択するかは納税者の自由である。そこで、1株当たりの利益金額を算定するための事業年度の利益金額は次のとおりとなる。

（単位：万円）

	直　前　期		直　前　々　期	
	直前期	直前期および直前々期の平均	直前々期	直前々期および直前々期の前期の平均
ケース1	0	0	0	0
ケース2	0	0	0	50
ケース3	0	0	100	0

1株当たりの利益金額を算定するための直前期の利益金額はいずれの方法によってもゼロであるが、直前々期の利益金額は、ケース2にあっては直前々期および直前々期の前期の平均金額を採用し、ケース3にあっては直前々期を採用することによりゼロとはならない。したがって、比準要素数1の会社となるのはケース1の場合だけである。

(5) 開業前、休業中または清算中の会社

開業前、休業中の会社は純資産価額によって評価する。清算中の会社の株式の価額は、清算の結果分配を受ける見込みの金額の課税時期から、分配を受けると見込まれる日までの

期間に応ずる基準年利率による複利現価の額によって評価する。

　なお、同族株主等以外の株主が取得した株式についても配当還元方式は適用できない。

❾ 種類株式の評価方法

配当優先の無議決権株式

① 配当優先株式

　配当について優先・劣後のある株式を発行している会社の株式を類似業種比準方式により評価する場合には、配当金の多寡は、比準要素のうち「1株当たりの配当金額」に影響するため、「1株当たりの配当金額」は、株式の種類ごとにその株式に係る実際の配当金により計算する。

　配当還元方式についても「1株当たり年配当金額」により評価を行うため、配当優先の有無により計算結果が異なることとなる。なお、純資産価額方式により評価する場合には、配当金の多寡は評価の要素としていないことから配当優先の有無にかかわらず評価する。

② 無議決権株式

　無議決権株式は、原則として議決権の有無を考慮しないで普通株式と同様に評価する。ただし、相続税の場合、一定の条件を満たす場合に限り、原則的評価方式により評価した価額から5％分を評価減のうえ、評価減した金額をその会社の議決権のある株式の価額に加算（調整計算）して申告することを選択できる。

第3章

実務上のポイント

- 純資産価額方式の計算における各要素の算出において、資産のうち評価会社が課税時期前 3 年以内に取得または新築した土地および土地の上に存する権利ならびに家屋およびその付属設備または構築物があるときには、これらの価額は、課税時期の「通常の取引価額」で評価する必要がある。
- 株式等の価額の合計額を評価会社の総資産価額で除して算定した相続税評価ベースでの株式等保有割合が50％以上である会社の株式を、「株式等保有特定会社の株式」とし、原則として純資産価額方式により評価する。
- 開業前、休業中または清算中の会社は、同族株主等以外の株主が取得した株式についても配当還元方式は適用できない。

例題

Q:

《設例》

　株式会社Ｘ社（非上場会社、以下「Ｘ社」という）の社長であるＡさんは、Ａさんの長男への事業承継対策を進めるに際して、Ｘ社株式の評価額を知りたいと思っている。

〈Ｘ社の概要〉

1．業種：金属製品製造業

2．資本金等の額：4,000万円（発行済株式総数800,000株、すべて普通株式で1株につき議決権を1つ有している）

3．株主構成

株主	Ａとの関係	所有株式数
Ａ	本人	450,000株
Ｂ	妻	50,000株
Ｃ	長男	100,000株
Ｄ	友人	200,000株

　相続税におけるＸ社の株式の評価上の規模区分は「大会社」であり、特定の評価会社には該当しない。

4．Ｘ社の比準要素

　　1株（50円）当たりの年配当金額 7.5円

　　1株（50円）当たりの年利益金額 21円

　　1株（50円）当たりの簿価純資産価額 415円

5．類似業種の比準要素

　　類似業種の1株（50円）当たりの株価の状況

● 課税時期の属する月の平均株価 240円

● 課税時期の属する月の前月の平均株価 234円

● 課税時期の属する月の前々月の平均株価 231円

● 課税時期の前年の平均株価 232円

● 課税時期の属する月以前2年間の平均株価 227円

第3章

類似業種の1株（50円）当たりの年配当金額 6円

類似業種の1株（50円）当たりの年利益金額 18円

類似業種の1株（50円）当たりの簿価純資産価額 342円

6．X社の資産・負債の状況

直前期のX社の資産・負債の相続税評価額および帳簿価額は次のとおりである。

（単位：万円）

科目	相続税評価額	帳簿価額	科目	相続税評価額	帳簿価額
流動資産	37,260	37,260	流動負債	21,210	21,210
固定資産	41,570	26,990	固定負債	9,840	9,840
合計	78,830	64,250	合計	31,050	31,050

（※） 上記以外の条件は考慮せず、各問に従うこと。

《問1》 類似業種比準方式によるX社の1株当たりの株価を求めなさい。計算過程を示し、答は円単位とすること。なお、端数処理は、計算過程において各要素別比準割合および比準割合は小数点第2位未満を切り捨て、1株当たりの資本金等の額50円当たりの類似業種比準価額は10銭未満を切り捨て、X社株式の1株当たりの類似業種比準価額は円未満を切り捨てること。

《問2》 純資産価額方式によるX社の1株当たりの株価を求めなさい。計算過程を示し、答は、円未満を切り捨て円単位とする。

$$227円 \times \left[\frac{\dfrac{7.5}{6} + \dfrac{21}{18} + \dfrac{415}{342}}{3} \right] \times 0.7$$

$$= 227円 \times \left[\frac{1.25 + 1.16 + 1.21}{3} \right] \times 0.7$$

……分子の各要素別比準割合は小数点第2位未満切捨て

$$= 227円 \times \frac{3.62}{3} \times 0.7$$

$$= 227円 \times 1.20 \times 0.7 \quad ……比準割合は小数点第2位未満切捨て$$

= 190.6円（1株当たりの資本金等の額50円当たりの類似業種比準価額→10銭未満切捨て）

4,000万円÷800,000株＝50円（X社の1株当たりの資本金等の額）

$190.6円 \times \dfrac{50}{50} = 190円$（円未満切捨て）

答　190円

　類似業種の株価は5つのうち、最も低いものを使う。

相続税評価額による純資産価額：

　78,830万円－31,050万円＝47,780万円……①

帳簿価額による純資産価額：

　64,250万円－31,050万円＝33,200万円……②

評価差額に相当する金額：

　①－②＝14,580万円……③

評価差額に対する法人税等相当額：

　③×37％＝5,394.6万円……④

純資産価額：①－④＝42,385.4万円……⑤

1株当たり純資産価額：

　⑤÷800,000株≒529円（円未満切捨て）

答　529円

第3章

❿ 会社規模の調整

(1) 会社規模の拡大

　純資産価額が類似業種比準価額より低い場合、会社の規模区分によらず純資産価額で算定するので同一の評価額になるが、純資産価額が類似業種比準価額より高い場合であれば、併用方式における類似業種比準価額のウエイトの高いほうが評価額は低くなる。通常、類似業種比準価額のほうが純資産価額より低い場合が多いので、類似業種比準価額だけで計算できる大会社が最も低い株価となる。

　そこで、会社規模を大きくして類似業種比準方式の採用割合を高める対策が検討できる。ただし、会社規模が大きくなると類似業種比準方式における斟酌率が大きくなる。この場合、類似業種比準価額は高くなるので比較検討が必要となる。

　会社の規模区分を引き上げるための対策として次の方法がある。

① 従業員数の増加

　従業員数を70人以上にすれば大会社となる。ただし、株価対策のためだけに従業員数を増加させることは現実的ではない。

② 取引金額基準と従業員数を加味した総資産価額基準

　従業員数が70人未満の場合、取引金額と従業員数を加味した総資産価額のいずれか大きいほうにより、会社規模を判定する。

　a．取引金額基準における取引金額（売上高）の増加

　　売上高を増加することにより、会社の規模を大きくすることができる。

　b．従業員数を加味した総資産価額基準における総資産価額（帳簿価額）の増加

　　総資産価額（帳簿価額）を増加させるための最も簡単な方法は、借入金による資産の購入である。手持ちの資金で資産を購入しても、総資産価額（帳簿価額）に変化はなく、減価償却資産を購入すれば逆に総資産価額（帳簿価額）を減らすこともある。

　　会社規模の判定は総資産価額のみでなく従業員数も加味されるので、総資産価額の増加に伴って従業員数も増加させる必要がある。

　また、合併によって、従業員数、総資産価額（帳簿価額）、取引金額（売上高）のすべての要素を増加させることもできる。

(2) 会社規模の縮小

　会社規模の拡大は、必ずしも株価が下がるわけではなく、逆に株価が高くなることもある。たとえば、大会社で土地保有割合が70％以上の場合、土地保有特定会社となり、純資産価額で評価することとなるが、土地保有割合が90％以上で判定される。中会社になれば、土地保有特定会社でなくなり、類似業種比準価額で算定される余地が発生する。

　したがって、会社規模を縮小することが株価引下げにつながることもある。

⑪ 類似業種比準価額の引下げ

　類似業種比準方式による株価は、類似業種の株価、配当比準、利益比準、純資産価額比準および斟酌率の各要素によって計算される。

(1) 類似業種株価の引下げ

① 類似業種株価の低い業種への転換

　類似業種は、原則として主たる事業を選択する。したがって、複数の事業を兼業している場合、各部門の分離独立（会社分割や事業譲渡等）により、株価の低い類似業種へ業種を変更することが可能である。また、逆に、合併や事業譲渡等により、主たる事業を変更することによって類似業種株価の引下げも可能になる。

　いずれにしても、この対策は会社の経営戦略のなかで実行されるべきであり、株価対策だけのために行うのではなく、経営面への影響が最優先されることはいうまでもない。

② 株式相場の下落の利用

　類似業種株価は、上場会社の業種別株価をもとに算出されるので、株式相場が下落しているときには類似業種株価も下がっている場合が多い。したがって、株式相場が低調な時期は類似業種比準価額が下がる場合が多く、そうしたタイミングを捉えて株式を移転することが考えられる。

　ただし、類似業種株価が低い、あるいは下落していても、配当・利益・純資産の比準要素が低いために比準割合が高く算出される場合も考えられる。そのため、シミュレーションを行う必要があることには留意したい。

(2) 1株当たりの配当金額の引下げ

① 2年間無配当または低率配当

　1株当たりの配当金額の計算は、直前期と直前々期の平均であるから、2期続けて配当を抑制するとこの数値を引き下げることができる。

　ただし、直前および直前々期とも、配当をゼロにした場合、特定の評価会社にならないように注意が必要である。

② 記念配当や特別配当の利用

　1株当たりの配当金額の計算には、特別配当や記念配当など継続的でない配当は含まれないので、無配にできない場合には、特別配当や記念配当を増やすことが考えられる。ただし、特別配当や記念配当はあくまでも非経常的でなければならない。

(3) 1株当たりの利益金額の引下げ

① 損金計上

　損金をより多く計上できれば、1株当たりの利益金額が減少する。実際の支出を伴わない損金計上の方法として、税務上の引当金や減価償却費等の計上がある。

② 役員への生前退職金の支給

　役員に生前退職金を支給することにより、利益を減らす方法で、支給時期を任意に決定することができる点にメリットがある。

　法人税法上、生前退職金の支給は、役員が完全に会社から引退しなくても、次のように会社を実質的に退職したのと同様の事情があると認められるときは、退職金として損金の額に計上することができる。

　a．地位または職務の内容が激変する場合
- 常勤役員が非常勤役員（常時勤務していないものであっても代表権を有する者および代表権は有しないが実質的にその法人の経営上主要な地位を占めていると認められる者を除く）になった場合
- 取締役が監査役（監査役でありながら実質的にその法人の経営上主要な地位を占めていると認められる者およびその法人の株主等で使用人兼務役員とされない役員に掲げる要件のすべてを満たしている者を除く）になった場合

　b．報酬がおおむね50％以上減少する場合

　現在のオーナー経営者が高齢で、次期後継者が育っている場合には、オーナー経営者が代表取締役から平取締役に降格し、分掌変更後における報酬額を2分の1以下にする

ことによって退職金を受け取ることができる（①と同様、分掌変更後も経営上主要な地位を占めている場合を除く）。

退職金の支払は、類似業種比準方式だけでなく、純資産価額の引下げにも効果がある。

③ 会社分割（高収益部門の分離）

評価会社の事業部門のなかで、高収益部門を事業譲渡などにより別会社として独立させることも考えられる。建物を別会社に賃貸すれば、純資産価額の株式の評価において建物を貸家評価に、土地を貸家建付地評価とすることも可能となる。別会社の株主はオーナー経営者の相続財産から外すために後継者とすればよい。

現オーナー経営者の会社には、低収益部門が残るので年々の利益も減少し、類似業種比準方式による株価は低くなる。従業員が新会社に転籍することによって、現オーナー経営者の会社に退職金の支給も発生するので、利益の大幅な圧縮につながり、純資産価額による株式の評価額も低くなる。

(4) 1株当たりの純資産価額の引下げ

① 1株当たり利益金額の引下げ

1株当たりの利益金額の引下げで、純資産価額が下がるか、上がるペースは落ちる。

② 社外流出

役員に対する賞与や配当は、原則として損金にはならないが、金銭等が流出するので純資産価額は下がる。ただし、配当による場合は、配当比準の要素を引き上げることになる。

(5) 斟酌率の引下げ

斟酌率は、会社の規模により決定される。規模が小さい会社ほど斟酌率は小さくなるので類似業種比準価額は下がる半面、会社の規模が小さくなると、評価額の算定において類似業種比準価額の割合（L）が小さくなるので比較検討が必要となる。

⑫ 純資産価額の引下げ

純資産価額方式による株価は、純資産額（相続税評価額）から含み益の37％を差し引いて算出されるので、純資産額（相続税評価額）を減らせば株価が引き下げられる。

（1）時価と相続税評価額に差がある資産の取得

　一般の相続税対策で実行されているように、時価と相続税評価額に差がある資産を購入して、実質価値は変わらないが相続税評価額を下げる対策が考えられる。このような資産としては、たとえば、次のようなものが挙げられる。

① 不動産の取得や有効活用（ただし、不動産取得後3年間は、通常の取引価額（時価）により評価するため、大きな効果が表れるのは取得後3年経過後となる）

② ゴルフ会員権の取得

③ 一般動産（減価償却資産（耐用年数の短いほうがよい））の取得

（2）損失の計上

　損失を計上することにより、純資産額そのものを減らす対策である。

① 高額な減価償却資産の取得や多額の消耗品の購入

② 役員に対する賞与や配当の支払

　ただし、配当金の支払は、類似業種比準方式の株価を引き上げる要因になる。

⓭ 配当還元価額の引下げ

　配当還元価額は、年配当金額に基づいて計算されるので、年配当金額を下げることが対策となる。具体的には、①記念配当や特別配当の利用、②配当の引下げが考えられる。

　ただし、一般に、配当還元価額は、同族株主以外の株主が取得する場合の評価方法であり、また、配当還元価額自体はそれほど高くないため、この対策は一般的ではない。

⓮ 特定の評価会社の対策

　土地保有特定会社、株式等保有特定会社などの特定の評価会社に該当する場合は、会社の資産構成の変更や規模を調整して、特定会社の認定を回避し、通常の評価方法によることで株価を引き下げることが考えられる。

(1) 土地保有特定会社の対策

①　資産構成の変更

　会社の資産構成を変え、土地保有特定会社から一般の評価会社へシフトし、類似業種比準価額が適用できるようにする方法である。

　たとえば、土地・建物を現物出資して子会社を設立し、保有土地の割合を下げる対策が考えられる。また、事業譲受けや合併、建物の新築や借入金による現金預金の増加等によって土地等の割合を下げ、土地保有特定会社に該当しないようにすることも可能である。

　しかし、課税時期直前において合理的な理由なく資産構成を変動させると、意図的に特定会社の認定を回避したとして税務当局から更正される可能性があるので、相続直前の資産構成の変更は避けて、早期に対策に着手すべきである。

②　会社規模の調整

　土地保有特定会社は、大会社であれば土地保有割合が70％以上、中会社であれば90％以上の場合に該当し、小会社であれば総資産価額に応じて判定される。会社の状況を勘案して、会社規模を調整することにより、土地保有特定会社に該当しないようにすることができる。

(2) 株式等保有特定会社の対策

　会社の資産構成を変え、株式等保有特定会社から一般の評価会社へシフトし、類似業種比準価額が適用できるようにする。考え方は前述の土地保有特定会社と同じである。

(3) 比準要素数1の会社の対策

　数年赤字が続き無配の場合は、**比準要素数1の会社**に該当する可能性がある。

　この場合、Lの割合を0.25（会社規模にかかわらず一定）とする併用方式が認められるが、多額の利益積立金（利益剰余金）があれば、利益積立金を財源に配当を行うことにより、純資産価額の要素に加えて配当金額の要素もプラスになるので、「比準要素数1」でなくなり、Lの割合を引き上げることが可能である。

　「比準要素数1」は直前期末以前3年間を判定要素とするので、配当は毎期行わず3年に1度でも有効である。

第3章

第**4**節

納税資金対策

　相続税は現金納付が原則であるが、自社株は現金化がむずかしく、相続財産に占める自社株の割合が高い場合は納税資金の確保が大きな問題となる。オーナー経営者の納税資金対策の基本的な考え方は一般の相続対策と同じであるが、ここでは、事業承継対策特有の納税資金対策について解説する。

❶ 役員退職給与等の活用

　死亡退職金や弔慰金を納税資金に充当する方法である。

　死亡退職金は、法定相続人1人当たり500万円が相続税の非課税財産となる。

　なお、死亡退職金は、役員の在任期間や退職の事情、会社の規模等を勘案した適正額について、株主総会で承認（通常は取締役会に一任）を得なければ、支出する会社において損金にならない。

　適正額の判断には、一般に以下の算式が用いられる。

死亡退職金の適正額

最終報酬月額×在職年数×功績倍率

　また、あらかじめ退職金規程や弔慰金規程を作成し、退職金の支払財源を確保しておくべきである。

❷ 自社株の現金化

① 自社で買い取る（自己株式の取得）

　会社法に規定する要件を満たさなければならないが、自社で買い取る（自己株式の取得、

いわゆる金庫株）ことが可能である。

② ほかの購入者を探す

経営権の維持を前提にした場合、購入者として適している相手先は関係会社や取引先などに限定される。経営権の維持を前提にしない場合、いわゆるM＆Aとなるが、相手先の選定等が問題となる。

③ 株式上場

株式を上場すれば売却は容易になる。ただし、株式上場はメリットだけでなくデメリットも伴うことに留意が必要である。

④ 関係会社・資産管理会社による買取り

自社以外にも関係会社や資産管理会社に売却することも考えられる。

❸ 物　納

次の①～⑥に該当しない非上場会社の株式（取引相場のない株式）については、物納が認められている。

① 収納後に国が一般競争入札による株式の売却を行う際に、有価証券届出書と目論見書、または有価証券通知書と目論見書が必要にもかかわらずこれらの書類を提出する見込みがない株式

② 譲渡制限株式

③ 質権その他担保権の目的となっている株式

④ 権利の帰属について係争中の株式

⑤ 共有となっている株式（共有者全員が物納申請する場合を除く）

⑥ 暴力団員等が経営する株式会社が発行した株式

❹ 非上場株式等についての相続税の納税猶予（一般）

後継者（**経営承継相続人等**）が、相続または遺贈により認定承継会社の非上場株式等を取得した場合、後継者が納付すべき相続税額のうち、特例の対象となる非上場株式等に係る課税価格の80％に対応する相続税額について後継者の死亡等の日まで納税が猶予される。

特例の対象となる非上場株式等の数（以下「特例非上場株式等」という）は、後継者が

相続開始前から既に保有していたものを含めて、その認定承継会社の発行済議決権株式等の総数等の**3分の2に達するまでの部分**に限られ、次のa〜cの数をもとに表の区分に応じた数が限度となる。

特例の対象となる非上場株式等の数

a…後継者が相続等により取得した非上場株式等の数
b…後継者が相続開始前から保有する非上場株式等の数
c…相続開始直前の発行済株式等の総数

区　分		特例の対象となる非上場株式等の数の限度数
イ	a＋b＜c×2／3の場合	後継者が相続等により取得した非上場株式等の数（a）
ロ	a＋b≧c×2／3の場合	発行済株式等の総数の3分の2から後継者が相続開始前から保有する非上場株式等の数を控除した数（c×2／3－b）

（※）　非上場株式等・発行済株式等・特例非上場株式等は、議決権に制限のないものに限る。

① **適用要件**

　a．被相続人（先代経営者）の要件

- **認定承継会社の代表者であったこと**
- 死亡の直前において、同族関係者と合わせた議決権数の合計が、**認定承継会社**の総議決権数の50％を超え、かつ、その同族関係者内で経営承継相続人等を除き筆頭株主であること
- その他一定の要件を満たすこと

　b．相続人等（経営承継相続人等（後継者））の要件

　被相続人から相続または遺贈により認定承継会社の非上場株式等を取得した個人で、次の要件のすべてを満たす者（1つの会社で適用される者は**1人に限る**）

- 相続開始の直前に認定承継会社の役員であること（被相続人が70歳未満で死亡した場合を除く）
- 相続開始の日の翌日から5カ月を経過する日において認定承継会社の代表権を有していること
- 相続開始時において同族関係者と合わせた議決権数の合計が、認定承継会社の総議決権数の50％を超え、かつ、その同族関係者内で筆頭株主となること
- 相続税の申告書の提出期限まで相続等により取得した認定承継会社の株式等の全部を有していること
- その他一定の要件を満たすこと

c．認定承継会社の要件

原則として相続開始後8カ月以内に経営承継円滑化法に規定する都道府県知事の認定を受けた会社で、相続開始時において次に掲げる要件のすべてを満たすもの

- 常時使用従業員の数が**1人以上**であること
- **資産管理会社**（資産保有型会社または資産運用型会社）（注）**に該当しない**こと
- 非上場会社であること
- 中小企業者であること
- 風俗営業会社に該当しないこと
- その他一定の要件を満たすこと

なお、後述する贈与税の納税猶予適用後に贈与者が死亡し、相続税の納税猶予に切り替える場合には、中小企業者であることおよび非上場会社であることの要件は撤廃された。

注 資産保有型会社とは、総資産に占める特定資産（有価証券・不動産・現預金・ゴルフ場会員権・貴金属等）の合計額の割合が70％以上の会社をいう。なお、特定資産のうち、有価証券から実質的な子会社は除外されるとともに、不動産から自社使用不動産は除外されるため、資産保有型会社は実質的な資産管理会社に限定される。

また、資産運用型会社とは、総収入金額に占める特定資産の運用収入の合計額の割合が75％以上の会社をいう。ただし、資産保有型会社または資産運用型会社に該当しても、事業実態のある会社は租税回避の可能性が低いことから、次のすべてに該当する場合は、資産保有型会社または資産運用型会社に該当しないものとみなされる。

- 事務所、店舗、工場その他の固定施設を所有または賃借していること
- 常時使用する従業員が5人以上いること（生計一親族を除いて判定）
- 被相続人の死亡の日前3年以上継続して、自己の名義と計算において、商品販売等（商品の販売、資産の貸付（同族関係者等に対する貸付を除く）または役務の提供等）、あるいは、広告または宣伝による商品販売等に関する契約の申込みまたは締結の勧誘を行っていること　など

d．事業継続要件（**経営承継期間**）

相続税の**申告期限後5年間**は、原則として次の要件を満たさなければならない。

- 経営承継相続人等が代表者であること
- 雇用の**8割以上**（1人未満の端数は切捨て、相続開始時の常時使用従業員数が1人の場合には1人とする）を維持すること。なお、この判定は、2015年1月1日以後に開始した相続等については、申告期限から1年ごとの毎年の基準日における5年間の平均人数により判定する
- 納税猶予の適用を受けた認定承継会社株式の**すべてを継続して保有**すること

② 猶予税額および納付税額の計算

　経営承継相続人等以外の相続人などの取得財産は不変としたうえで、経営承継相続人等の猶予税額および納付税額は次の算式により計算する〔図表3－11〕。

- a．納税猶予がないものとして計算した通常の相続税額
- b．経営承継相続人等が、通常の課税価格による特例非上場株式等のみを相続するものとして計算した相続税額
- c．経営承継相続人等が、課税価格を20％に減額した特例非上場株式等のみを相続するものとして計算した相続税額
- d．猶予税額　b－c
- e．納付税額　a－d

③ 申告手続・担保の提供・継続届出書

　納税猶予の適用を受ける場合には、原則、相続開始の日の翌日から **8カ月以内** に都道府県知事の認定を受けるための申請をし、その認定をもとに相続税の申告書の提出期限までに申告書を提出して、納税猶予の適用を受ける旨を記載しなければならない。また、申告書の提出とともに、猶予税額に相当する担保を提供しなければならない。その際、特例非上場株式等のすべてを担保に提供した場合、その価額がその猶予税額に満たない時であっ

〔図表3－11〕非上場株式等に係る相続税の納税猶予（一般）における猶予税額の計算【納税額と猶予税額】

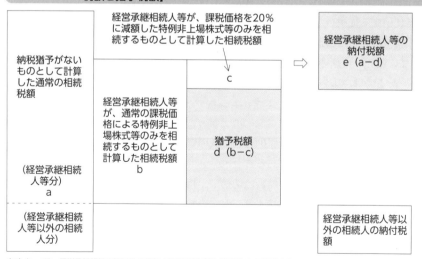

（※）b、cは、経営承継相続人等以外の相続人等の取得財産は不変として計算する。

ても、猶予税額に相当する担保が提供されたものとみなされる。

　なお、経営承継相続人等は、**経営承継期間（5年間）内は毎年、その後は3年ごとに継**続届出書を税務署長に提出しなければならない。また、経営承継期間内（5年間）は毎年、都道府県知事に対しても、一定の報告書を提出しなければならない。

例　題

Q:

　次の条件にて、非上場株式等についての相続税の納税猶予制度を利用した場合、Aの猶予税額と納付税額はいくらか（法定相続人は子2人でAとB）。

＜認定承継会社の非上場株式＞

- 1株当たり評価額　　　　　　　　　　　　　　：　　　　　　　　　200万円
- 発行済議決権株式数　　　　　　　　　　　　　：　　　　　　　　　300株
- A（経営承継相続人等）が相続した株式数　：　　　　　　　　　180株
- Aが既に保有していた株式数　　　　　　　　　：　　　　　　　　　30株

＜その他の相続財産＞

- A（経営承継相続人等）　　　　　　　　　　　：　　　　　　　4,000万円
- B（経営承継相続人等以外）　　　　　　　　　：　　　　　　　　　2億円

A:

① 通常の相続税額

- 課税価格：(A) 〔200万円×180株＋4,000万円＝4億円〕＋(B) 2億円

　　　　　　　＝6億円

- 課税遺産総額：6億円−（3,000万円＋600万円×2人）

　　　　　　　　＝5億5,800万円

- 相続税の総額：$5億5,800万円 \times \dfrac{1}{2} \times 45\% - 2,700万円 = 9,855万円$

　　　　　　　　9,855万円×2人＝1億9,710万円

- 相続税額：(A) $1億9,710万円 \times \dfrac{4億円}{6億円} = 1億3,140万円$

　　　　　　(B) $1億9,710万円 \times \dfrac{2億円}{6億円}$

　　　　　　　＝6,570万円（Bの税額は確定）

② Aが通常の課税価格による特例非上場株式等のみを相続するものとして計算したAの相続税額

- 特例非上場株式等：$(180株＋30株) \geqq 300株 \times \dfrac{2}{3}$

$$\therefore 300株 \times \dfrac{2}{3} － 30株 ＝ 170株$$

- 特例非上場株式等の課税価格：170株 × 200万円 ＝ 3 億4,000万円
- 課税価格：(A) 3 億4,000万円 ＋ (B) 2 億円 ＝ 5 億4,000万円
- 課税遺産総額：5 億4,000万円 － (3,000万円 ＋ 600万円 × 2 人)

$$＝ 4 億9,800万円$$

- 相続税の総額：4 億9,800万円 $\times \dfrac{1}{2} \times$ 45％ － 2,700万円 ＝ 8,505万円

$$8,505万円 \times 2 人 ＝ 1 億7,010万円$$

- 相続税額：(A) 1 億7,010万円 $\times \dfrac{3 億4,000万円}{5 億4,000万円} ＝$ 1 億710万円

③ Aが課税価格を20％に減額した特例非上場株式等のみを相続するものとして計算したAの相続税額

- 特例非上場株式等の20％の金額　3 億4,000万円 × 20％

$$＝ 6,800万円$$

- 課税価格：(A) 6,800万円 ＋ (B) 2 億円 ＝ 2 億6,800万円
- 課税遺産総額：2 億6,800万円 － (3,000万円 ＋ 600万円 × 2)

$$＝ 2 億2,600万円$$

- 相続税の総額：2 億2,600万円 $\times \dfrac{1}{2} \times$ 40％ － 1,700万円

$$＝ 2,820万円$$

$$2,820万円 \times 2 人 ＝ 5,640万円$$

- 相続税額：(A) 5,640万円 $\times \dfrac{6,800万円}{2 億6,800万円} \fallingdotseq$ 1,431.04万円

④ 猶予税額

- ②－③＝9,278.96万円

⑤ (A)の納付税額

- ①－④＝3,861.04万円

④ 猶予税額の免除

次のいずれかに該当した場合、猶予税額は免除される。

a．経営承継相続人等が特例非上場株式等を死亡時まで保有し続けた場合

b．経営承継相続人等が、経営承継期間（5年間）内に、身体障害等やむを得ない理由により代表者でなくなった場合で、次の経営者に自社株式を贈与し贈与税の納税猶予を受ける場合

c．上記以外で、経営承継期間（5年間）経過後における次の場合

ⅰ破産手続開始の決定または特別清算開始の命令があった場合

ⅱ同族関係者等以外の者へ保有する特例非上場株式等を一括譲渡した場合で、その譲渡対価または譲渡時の時価のいずれか高い額が猶予税額を下回るときは、その差額分の猶予税額を免除

ⅲ贈与税の納税猶予の適用を受ける経営承継受贈者（次の後継者）へ特例非上場株式等の贈与をした場合　など

なお、上記ⅰ、ⅱにおいて過去5年間の経営承継相続人等および経営承継相続人等と生計を一にする者に対して支払われた配当および過大役員給与等に相当する額は免除されない。

⑤ 猶予税額の納付

a．経営承継期間（5年間）内に、経営承継相続人等が代表権を有しなくなる等、認定取消事由（事業継続要件を満たさない）に該当する事実が生じた場合には、猶予税額の全額を納付する。

b．経営承継期間（5年間）経過後において、特例非上場株式等の譲渡等をした場合には、特例非上場株式等の総数に対する譲渡等をした特例非上場株式等の数の割合に応じて猶予税額を納付する。また、資産管理会社に該当することになった等、一定の場合には猶予税額を全額納付する。

c．その他、継続届出書を提出しなかった場合、担保の変更に応じなかった場合等には納税猶予の期限が確定し、猶予税額の全額を納付する。

⑥ 利子税の納付

上記⑤により、猶予税額の全部または一部を納付する場合には、法定申告期限からの期間に係る利子税を併せて納付することになる。なお、2015年1月1日以後の相続等については、経営承継期間（5年間）経過後に猶予税額の全部または一部を納付する場合においては、その期間中の利子税は免除されることとされている。

⑦ **担保の提供**

　納税猶予の適用を受けるためには、猶予税額に相当する担保を提供しなければならない。その際、特例非上場株式等のすべてを担保に提供した場合には、その価額がその猶予税額に満たないときであっても、猶予税額に相当する担保が提供されたものとみなされる。

⑧ **ほかの特例との関係**

　非上場株式等について相続税の納税猶予を適用する場合でも、小規模宅地等についての相続税の課税価格の計算の特例を適用することができる（完全併用可能）。

❺ 非上場株式等についての贈与税の納税猶予（一般）

　後継者（受贈者）が、認定贈与承継会社の代表権を有していた者から、その会社に係る非上場株式等の全部または一定以上の贈与を受けた場合には、特例の対象となる非上場株式等の贈与に係る贈与税の**全額**について、その先代経営者（贈与者）の死亡の日まで納税が猶予される。その後、贈与者が死亡した場合には、保有し続けた特例受贈非上場株式等の猶予税額が免除され、その特例受贈非上場株式等は相続により取得したものとみなして相続税の課税対象（評価額は贈与時の評価額）となる。この場合、一定の要件を満たせば、前述の相続税の納税猶予を適用することができる。

　なお、本制度は、暦年課税制度および2017年１月１日以後の贈与については相続時精算課税制度を適用できる。

　特例の対象となる非上場株式等の数は、**後継者が贈与前から既に保有していたものを含めて、発行済議決権株式等の総数等の３分の２に達するまでの部分**に対応する贈与税額を上限（つまり、贈与時に受贈者が既に３分の２を保有していた場合、本特例の対象となる株式等はない）とし、次のa～cの数をもとに表の区分に応じた数が限度となる。

特例の対象となる非上場株式等の数

a…贈与者（先代経営者）が贈与直前に保有する非上場株式等の数
b…受贈者（後継者）が贈与前から保有する非上場株式等の数
c…認定贈与承継会社の贈与直前の発行済株式等の総数

区　分		特例の対象となる非上場株式等の数の限度数
イ	a＋b＜c×2／3の場合	贈与者が贈与直前に保有する非上場株式等の数（a）
ロ	a＋b≧c×2／3の場合	発行済株式等の総数の3分の2から受贈者が贈与前から保有する非上場株式等の数を控除した数（c×2／3−b）

（※）　非上場株式等・発行済株式等・特例非上場株式等は、議決権に制限のないものに限る。

なお、この特例の適用を受けるためには、上表イに該当する場合は限度数の全部、ロに該当する場合は限度数以上の数の非上場株式等を贈与しなければならない。

① **適用要件**

a．先代経営者（贈与者）の要件

- 認定贈与承継会社の代表者であったこと
- 贈与時において代表権を有していないこと
- 同族関係者と合わせた議決権数の合計が、認定贈与承継会社の総議決権数の50％を超え、かつ、その同族関係者内で経営承継受贈者を除き筆頭株主であること
- その他一定の要件を満たすこと

b．後継者（受贈者）の要件

贈与により認定贈与承継会社の非上場株式等を取得した個人で、贈与時において次の要件のすべてを満たす者（1つの会社で適用される者は1人に限る）。

- 贈与時に認定贈与承継会社の代表者であること
- 贈与日現在18歳（2022年3月31日以前は20歳）以上であり、かつ、役員就任から継続して3年以上経過していること
- 贈与時に**同族関係者と合わせた議決権数の合計**が、認定贈与承継会社の総議決権数の50％を超え、かつ、その同族関係者内で筆頭株主となること
- その他一定の要件を満たすこと

c．認定贈与承継会社の要件および事業継続要件（経営贈与承継期間）

基本的に、相続税の納税猶予と同じである。

② 猶予税額の免除・納付・利子税・担保の提供への対応等

基本的に、相続税の納税猶予と同じである。

なお、本制度の適用を受けて贈与税の納税猶予を受けている現経営者（たとえば、創業経営者から贈与を受けた2代目経営者）が、経営承継期間（5年間）経過後で創業経営者が存命中に、次の経営者（たとえば、3代目経営者）に自社株式を贈与する場合であっても、次の経営者が本制度の適用を受ける場合には、現経営者の猶予税額が免除される。

❻ 非上場株式等に係る贈与税・相続税の納税猶予（特例）

（1）特例制度の創設と概要

2018年4月1日から2026年3月31日までの間に、認定経営革新等支援機関の指導および助言を受けた特例承継計画を都道府県に提出し、認定を受けた特例認定承継会社の代表権を有していた者から特例後継者が2027年12月31日までの間に贈与または相続・遺贈により特例認定承継会社の株式を取得した場合に適用される。特例の概要は、次のとおりに整理できる。ただし、現行制度（一般制度）がなくなったわけではない。

① 特例後継者

特例認定承継会社の特例承継計画に記載された特例認定承継会社の**代表権を有する後継者**[注1]であって、同族関係者のうち、特例認定承継会社の**議決権を最も多く有する者**[注2]をいう。

注1 同族関係者とあわせて特例認定承継会社の総議決権数の過半数を有する者に限る。

注2 特例承継計画に記載された後継者が2名または3名以上の場合には、議決権数において、それぞれ上位2名または3名の者（総議決権数の10％以上を有する者に限る）。

② 特例認定承継会社

2018年4月1日から2026年3月31日までの間に特例承継計画を都道府県に提出した会社であって、中小企業における経営の承継の円滑化に関する法律第12条第1項の認定を受けたものをいう。

③ 特例承継計画

認定経営革新等支援機関の指導および助言を受けた特例認定承継会社が作成した計画であって、特例認定承継会社の後継者、承継時までの経営見通し等が記載されたものをいう。

(2)「一般」制度との相違点

一般制度との相違点は、次のとおりに整理できる。

① 納税猶予の対象株式数

取得したすべての株式

② 納税猶予の対象税額

相続税：非上場株式等に係る課税価格の全額に対応する額

贈与税：非上場株式等に係る課税価格の全額に対応する額（一般制度同様）

③ 後継者の要件

1つの会社で適用される後継者は、最大3人に拡大する。

確認を受けた特例承継計画に特例後継者として記載されている者は、相続開始の直前において役員でない場合でも適用できる。

④ 先代経営者の要件

特例経営承継期間内に申告期限が到来するものに限り、先代経営者以外の者（すなわち複数人）から取得する株式も特例の対象とする。なお、一般制度についても同様に特例の対象とする。

⑤ 雇用確保要件

雇用確保要件を満たさない場合であっても納税猶予は継続する。ただし、その満たせない理由を記載した書類（認定経営革新等支援機関の意見が記載されているものに限る）を都道府県に提出しなければならない。

⑥ 譲渡、合併、解散等（猶予期限の確定事由）による納付税額

経営環境の変化を示す一定の要件（注）を満たす場合において、特例経営承継期間（5年）経過後に、譲渡、合併、解散をするとき等には、原則としてその時の相続税評価額を基に再計算し差額を免除する。

注 経営環境の変化を示す一定の要件

a．直前の事業年度終了の日以前3年間のうち2年以上赤字である

b．直前の事業年度終了の日以前3年間のうち2年以上、売上高が前年の売上高に比して減少している

c．直前の事業年度終了の日における有利子負債の額が、その日の属する事業年度の売上高の6月分に相当する額以上である

d．特例認定承継会社の事業が属する業種に係る上場会社の株価（直前の事業年度終了の日以前1年間の平均）が、その前年1年間の平均より下落している

　e．特例後継者が経営を継続しない特段の理由があるとき

　ただし、株式の譲渡等が、直前の事業年度終了の日から6月以内に行われたときは前記 a．～c．までについて、同日後1年以内に行われたときは前記d．について、a．b．は「3年間」を「4年間」、c．d．は「直前の事業年度終了の日」を「直前の事業年度終了の日の1年前の日」とした場合にそれぞれに該当するときについても、「経営環境の変化を示す一定の要件」を満たすものとする。

⑦　相続時精算課税の適用

　特例後継者が贈与者の**推定相続人以外の者**（その年の1月1日において18歳（2022年3月31日以前は20歳）以上である者に限る）であり、かつ、その贈与者が同日において60歳以上の者である場合には、適用を受けることができる。

❼ 個人事業者の事業用資産に係る相続税の納税猶予

　認定相続人が、2019年1月1日から2028年12月31日までの間に、相続または遺贈により特定事業用資産を取得し、事業を継続していく場合には、担保の提供を条件に、その認定相続人が納付すべき相続税額のうち、相続または遺贈により取得した特定事業用資産の課税価格に対応する相続税の納税を猶予する。

（1）承継計画の提出

　認定経営革新等支援機関の指導および助言を受けて作成された特定事業用資産の承継前後の経営見通し等が記載された計画を、2019年4月1日から2026年3月31日までの間に都道府県に提出すること。

（2）被相続人要件

　被相続人は相続開始前において青色申告の承認を受けていること。

（3）相続人要件

① 　認定相続人（承継計画に記載された後継者であって、中小企業における経営の承継の円滑化に関する法律の規定による認定を受けた者）であること。
② 　認定相続人は相続開始後において青色申告の承認を受けていること。

(4) 納税猶予対象資産（特定事業用資産）

　被相続人の事業（不動産貸付事業等を除く）の用に供されていた資産で青色申告書に添付される貸借対照表に計上されているもの
① 　土地（**面積400㎡までの部分に限る**）
② 　建物（**床面積800㎡までの部分に限る**）
③ 　減価償却資産（固定資産税または営業用として自動車税・軽自動車税の課税対象となっているものその他これらに準ずるものに限る）
　2021年度税制改正により、事業の用に供されていた乗用自動車で青色申告書に添付される貸借対照表に計上されているもの（取得価額500万円以下の部分に対応する部分に限る）を追加。

(5) 納税猶予税額

　特定事業用資産の課税価格に対応する相続税の納税を猶予する。猶予税額の計算方法は、非上場株式等についての相続税の納税猶予制度の特例と同様とする。

注 被相続人に債務がある場合には特定事業用資産の価額からその債務の額（明らかに事業用でない債務の額を除く）を控除した額を猶予税額の計算の基礎とする。

(6) 猶予税額の免除

① 　**全額免除**
　　a．認定相続人が、その死亡の時まで特定事業用資産を保有し事業を継続した場合
　　b．認定相続人が一定の身体障害等に該当した場合
　　c．認定相続人について破産手続開始の決定があった場合
　　d．相続税の申告期限から5年経過後に、次の後継者へ特定事業用資産を贈与し、その後継者がその特定事業用資産について贈与税の納税猶予制度の適用を受ける場合
② 　**一部免除**
　　a．同族関係者以外の者へ特定事業用資産を一括して譲渡する場合
　　b．民事再生計画の認可決定等があった場合
　　c．経営環境の変化を示す一定の要件（非上場株式等についての相続税の納税猶予制度の特例に準じた要件）を満たす場合において、特定事業用資産の一括譲渡または特定事業用資産に係る事業の廃止をするとき

第3章

(7) 猶予税額の納付

① 認定相続人が、特定事業用資産に係る事業を廃止した場合等には、猶予税額の全額を納付する。

② 認定相続人が、特定事業用資産の譲渡等をした場合には、その譲渡等をした部分に対応する猶予税額を納付する。

注 猶予税額を納付する場合には、その納付税額について相続税の法定申告期限からの利子税（年3.6%）（利子税の特例（貸出約定平均利率の年平均が2024年分の0.4%の場合）を適用した場合には、年0.4%）を併せて納付する。

(8) 継続届出書の提出

認定相続人は、相続税の申告期限から **3年**ごとに継続届出書を所轄の税務署長に提出しなければならない。

(9) 納税猶予の継続

認定相続人が、相続税の申告期限から5年経過後に特定事業用資産を現物出資し、会社を設立した場合には、その認定相続人がその会社の株式等を保有していることその他一定の要件を満たすときは、納税猶予を継続する。

(10) 租税回避行為の防止措置

非上場株式等についての相続税の納税猶予制度における資産管理会社要件（資産管理事業）を踏まえた要件等を設定する。

(11) 小規模宅地等の特例との関係

納税猶予の適用を受ける場合には、**特定事業用宅地等について小規模宅地等の特例の適用を受けることができない。**

❽ 個人事業者の事業用資産に係る贈与税の納税猶予

制度の概要、猶予税額の納付、免除等については、相続税の納税猶予制度と同様である。

(1) 認定受贈者

18歳（2022年 3 月31日までの贈与については、20歳）以上である者に限る。

(2) 相続時精算課税の適用

認定受贈者が贈与者の直系卑属である推定相続人以外の者（その年の 1 月 1 日において18歳（2022年 3 月31日以前は20歳）以上である者に限る）であっても、その贈与者がその年 1 月 1 日において60歳以上である場合には、相続時精算課税の適用を受けることができる。

(3) みなし相続財産

贈与者の死亡時には、特定事業用資産（既に納付した猶予税額に対応する部分を除く）をその贈与者から相続等により取得したものとみなし、贈与時の時価によりほかの相続財産と合算して相続税を計算する。

(4) みなし相続財産に係る相続税の納税猶予の切替

上記（ 3 ）の適用を受ける特定事業用資産について、都道府県の確認を受けた場合には、相続税の納税猶予の適用を受けることができる。

第3章

実務上のポイント

- 非上場株式等に係る贈与税・相続税の納税猶予の特例制度の適用を受けるためには、認定経営革新等支援機関の指導および助言を受けた特例承継計画を都道府県に提出しなければならない。
- 個人事業者の事業用資産に係る相続税の納税猶予制度における納税猶予対象資産は、面積400㎡までの土地、床面積800㎡までの建物または一定の減価償却資産である。
- 個人事業者の事業用資産に係る相続税の納税猶予制度の適用を受ける場合には、特定事業用宅地等について小規模宅地等の特例の適用を受けることができない。
- 非上場株式等に係る贈与税・相続税の納税猶予（特例）においては、納税猶予の対象株式数は、取得したすべての株式となる。
- 非上場株式等に係る贈与税・相続税の納税猶予（特例）においては、（一般）で必要となる雇用確保要件を満たさなくても、理由を記載した書類を提出することで納税猶予は継続する。

例　題

Q:

《設例》

　非上場会社のＸ株式会社（以下、「Ｘ社」という）は、社長であるＡさん（73歳）が25年前に創業した会社であり、これまで順調に事業を拡大し、現在では従業員50名を抱える中堅企業に成長した。

　Ａさんは、最近、自身の健康面に不安を感じることが多く、元気なうちに専務取締役である長男Ｃさん（43歳）に事業を承継させようと決意した。Ａさんは、事業承継を円滑に進めるために、「非上場株式等についての贈与税の納税猶予」の適用を受けて、Ｘ社株式を長男Ｃさんに贈与することを考えている。

　Ｘ社に関する資料は、以下のとおりである。なお、〈Ｘ社の概要〉の「□□□」は、問題の性質上、伏せてある。

〈Ｘ社の概要〉

１．業種：電気機械器具製造業

２．資本金等の額：4,500万円（発行済株式総数90,000株、すべて普通株式で1株につき1個の議決権を有している）

３．株主構成

株主	Ａとの関係	所有株式数
Ａ	本人	70,000株
Ｂ	妻	10,000株
Ｃ	長男	10,000株

（※）　相続税におけるＸ社の株式の評価上の規模区分は「中会社の大」であり、特定の評価会社には該当しない。

４．比準要素および類似業種の株価の状況

● 比準要素の状況

比準要素	Ｘ社	類似業種
1株（50円）当たりの年配当金額	□□□円	2.9円
1株（50円）当たりの年利益金額	□□□円	15円
1株（50円）当たりの簿価純資産価額	457円	196円

（※）　すべて1株当たりの資本金等の額を50円とした場合の金額。

- 類似業種の1株（50円）当たりの株価の状況
  課税時期の属する月の平均株価 247円
  課税時期の属する月の前月の平均株価 231円
  課税時期の属する月の前々月の平均株価 250円
  課税時期の前年の平均株価 165円
  課税時期の属する月以前2年間の平均株価 170円

5．X社の過去3年間の利益、配当の状況

事業年度	利益金額	配当金額
直前期	3,330万円	900万円 ^{（※）}
直前々期	3,510万円	720万円
直前々期の前期	3,400万円	720万円

（※）　直前期の配当金額900万円のうち90万円は25周年記念配当である。

6．X社の1株当たりの純資産価額 5,080円

（※）　上記以外の条件は考慮せず、各問に従うこと。

《問1》　類似業種比準方式によるX社の1株当たりの株価を求めなさい。〔計算
　　　　過程〕を示し、〔答〕は円単位とすること。なお、端数処理は、計算過程
　　　　において1株当たりの資本金等の額を50円とした場合の株数で除した配当
　　　　金額は10銭未満を切り捨て、各要素別比準割合および比準割合は小数点第
　　　　2位未満を切り捨て、1株当たりの資本金等の額50円当たりの類似業種比
　　　　準価額は10銭未満を切り捨て、X社株式の1株当たりの類似業種比準価額
　　　　は円未満を切り捨てること。

《問2》　長男CさんがAさんからX社株式の贈与を受けた場合、贈与税の課税上
　　　　のX社の1株当たりの相続税評価額となる株価を求めなさい。〔計算過程〕
　　　　を示し、〔答〕は円未満を切り捨てて円単位とすること。なお、相続税評
　　　　価額の算定にあたり、複数の方法がある場合は、できるだけ低い価額とな
　　　　るような方法を選択するものとする。

A:

1株当たりの資本金等の額を50円とした場合の発行済み株式数

4,500万円÷50円=90万株

1株（50円）当たりの配当金額

{(900万円－90万円＋720万円)÷2}÷90万株=8.5円

1株（50円）当たりの利益金額

3,330万円＜3,420万円（＝(3,330万円＋3,510万円)÷2）

3,330万円÷90万株=37円

　1株（50円）当たり配当金額は、直前期と直前々期の平均により、1株（50円）当たり利益金額は、①直前期と②直前期と直前々期の平均のいずれか小さい数値により求める。

　1株（50円）当たり配当金額は、記念配当を除いて計算する。

$$165円 \times \left[\frac{\frac{8.5}{2.9} + \frac{37}{15} + \frac{457}{196}}{3} \right] \times 0.6$$

$$= 165円 \times \left[\frac{2.93 + 2.46 + 2.33}{3} \right] \times 0.6$$

（※）分子の各要素別比準割合は小数点第2位未満切捨て

$$= 165円 \times \frac{7.72}{3} \times 0.6$$

$$= 165円 \times 2.57 \times 0.6 \quad \cdots\cdots 比準割合は小数点第2位未満切捨て$$

= 254.4円（1株当たりの資本金等の額50円当たりの類似業種比準価額→10銭未満切捨て）

　4,500万円÷90,000株=500円（Ｘ社の1株当たりの資本金等の額）

$254.4円 \times \dfrac{500}{50} = 2,544円$ （Ｘ社株式の 1 株当たりの類似業種比準
　　　　　　　　　　　　　　　　　価額→円未満切捨て）

答　2,544円

$2,544円 \times 0.90 + 5,080円 \times (1 - 0.90) = 2,797円$ （円未満切捨て）

答　2,797円

第 **4** 章

M&A

第 1 節

事業承継としての M&A

❶ M&A を利用した事業承継

(1) 中小企業における事業承継の選択肢

　中小企業の事業承継において、M&Aの件数は増加している。事業承継・引継ぎ支援センターによると2022年度は過去最高の1,681件の事業引継ぎが成立した。相談者数も年々増加しているため、事業承継の選択肢として、M&Aの認知度は向上していると、事業承

〔図表4-1〕事業承継・引継ぎ支援センターにおける相談者数と事業引継ぎ件数

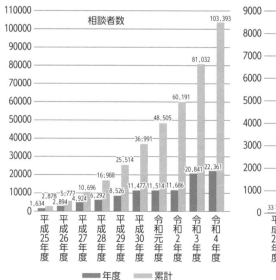

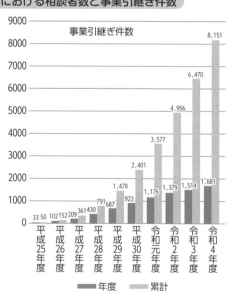

出所：事業承継・引継ぎ支援センターホームページ

継支援に携わる支援機関は感じている。

　一方、帝国データバンクの全国「後継者不在率」動向調査（2023年）によると、足元では後継者問題の改善が見られるものの、未だ後継者不在率は53.9％と、50％を超えており、事業承継の選択肢としてM＆Aを検討する必要のある企業は多いと推定される。そのため、中小企業のオーナー社長にとって、M＆Aはまだまだ普及しておらず、M＆Aを知っていても実行に移すまでには至っていないと考えられる。

　中小企業の中には後継者不在を理由として、廃業しか頭になく、「ウチのような会社がM＆Aの対象になると思えない」との判断から、M＆Aを本気で検討すらしないことも多い。

　実際には、後継者不在の中小企業がM＆Aを選択することで、従業員の雇用を守り、取引先との取引を継続することができることも多くある。また、廃業を選択してしまうと、技術力やノウハウなどが活用されないだけではなく、従業員の雇用も継続されず、ひいては地域産業の衰退と国力の低下につながると懸念されている。さらに、取引金融機関にとっては、大切な取引先を失うことにつながる。

(2) 中小企業における M & A の意義と本質

　M＆Aというと、「ハゲタカファンド」、「のっとり」という悪いイメージが先行し、中小企業におけるM＆Aの意義や本質が正しく理解されていないことが多い。しかし、株式を上場していない中小企業におけるM＆Aは、その多くが友好的なM＆Aとして実行されている。これまでに社会を賑わした敵対的M＆Aやモノ言う株主は、証券市場等を通じてその株式を取得するものであった。株式を自由に取得できる「公開会社」であることから、買手は相手方の承諾を得ずに自身の権利を主張することができ、どちらかが勝てばどちらかが負けるという関係にある。

　一方で、株式を上場していない中小企業のM＆Aにおいては、ほとんどの会社は株式が市場で流通していない「非公開会社」であり、株主（多くの場合、経営者を兼ねる）との条件調整の結果、対等な関係においてその株式を売買することになる。このため、買手といえども相手方の意見を尊重し、互いに Win-Win になる関係を前提としてM＆Aが実行される。

(3) M&A による第三者への事業承継のメリット（株主・従業員・取引先・金融機関）

　中小企業におけるM＆Aのメリットは、当該企業のステークホルダーそれぞれにもたら

第4章

される。

〈株主〉

① 創業者利潤の獲得

株主はM&Aの当事者であり、当然、最もメリットを享受するといえる。具体的には創業者利潤を獲得することができる。株式譲渡を実行すると、株主は株式を売却し、その譲渡代金を受領することができる。創業者利潤の獲得はM&A以外の方法によっても簡単に享受できると考えられるかもしれない。しかし、以下の具体的な方法を考えるとそれが困難であることが理解できる。

ａ．廃業し、清算することで現金を得る

会社が廃業することによって従業員は仕事を失い、取引先は取引を失う。また、清算にあたっては法人税や所得税等の課税がなされる場合がある。M&Aと異なり事業停止のための費用が予想以上に発生すること、営業権が考慮されないこと、負債を全額返済しなければならないこと、多額の税金が発生する場合があることを考えると、一般的に株式譲渡に比べてかなり手取り額が減少することになる。

ｂ．配当を通じて、現金を得る

清算のように一時的に発生するわけではないものの、清算と同じように配当に対して課税が行われる（主に個人が配当を受け取る場合）。また、配当を受ける期間は事業を継続しなければならず、いずれは事業を廃業しなければならなくなるため、廃業するケースと最終的には変わらない。

ｃ．上場し、株式を第三者に売却する

この選択肢は周到な準備のプロセスを経て実現可能となるケースである。新規株式公開は2019年86社、2020年93社、2021年125社、2022年91社、2023年96社と非常にハードルが高いものである。実際に上場が可能であったとしても、新規上場時に全株式を売却できるわけではなく、厳しい基準をクリアしながら徐々に売出しを行うことになる。

以上のように、中小企業においてその所有する株式を現金に換金する方法は、M&A以外で考えると少ないのが現実である。

② 時間の獲得

事業を他人に引き継ぐことになるため、一定の引継ぎ期間を終えればセカンドライフのための時間を持つことができる。多くの経営者は、経営にあたったその日から四六時中仕事のために時間を費やし、仕事以外に取り組むべき事項やプライベートのイベント等（家族と過ごす、趣味を満喫する、別の事業を開始するなど）を後回しにしているケースが多く見られる。ハッピーリタイアにより、これまで重責を背負って会社を経営してきた経営

者が、安心してセカンドライフを過ごすことが可能になる。

③ 健康問題への対処

　中小企業の場合、「今日、経営者が病気で倒れたら、会社が回らなくなってしまう」という企業がほとんどである。「第三者への事業承継」であるＭ＆Ａを実行すれば、このような心配からも解放されることになる。経営者が実際に倒れてしまった場合には、Ｍ＆Ａも困難になる。経営者の立場を考えれば、有効な対策を打たずに最悪の事態を迎えることがないようにしなければならない。

〈従業員〉

　中小企業Ｍ＆Ａにおいては、株式譲渡契約書のなかで雇用の存続と雇用条件の維持がうたわれることがほとんどであり、Ｍ＆Ａによって従業員の雇用は維持される。Ｍ＆Ａの買い手企業にとっては従業員が継続して業務に従事してくれなければ事業の存続はむずかしく、さらに、そもそもの従業員数が少ない中小企業の場合には、従業員一人一人の役割も大きく、むしろ従業員が継続して業務に従事してくれるかを買い手企業が心配するくらいである。もし、会社が廃業の選択肢をとってしまった場合には、雇用の維持はなくなり、従業員は解雇され新たに仕事を探さなければならない。

〈取引先〉

　Ｍ＆Ａの条件調整過程において、買い手企業の多くは「われわれが経営権を取得することによって、重要顧客のＡ社はこれまでどおりの取引を続けてくれるだろうか。今までは元経営者との関係で成り立っていたが、これからは取引がなくなるのではないだろうか」といった心配をしている。これは、当然の懸念事項ではあるが、実際にはほとんどの場合は杞憂に終わる。むしろ、Ｍ＆Ａ実行後の取引先へのあいさつ回りでは、「より資本力・営業力・技術力のある大手企業の傘下に入ったのであれば、安心してこれまで以上にお世話になれます。実は、後継者問題を不安に思っていたのでこのまま御社との取引を継続すべきか考えていました」といった反応がほとんどである。

　このように、取引先にとってはＭ＆Ａによる第三者への事業承継は、大変歓迎すべき事象と捉えられることが多い。経営者にとっては、多少複雑な心境かもしれないが、これまでお世話になった取引先との関係をより発展させるためには、Ｍ＆Ａの実行はとても有効である。

〈金融機関〉

　ある会社が、後継者がいないという理由だけで廃業を選択した場合、当然に金融取引は終了してしまう。ところが、Ｍ＆Ａによって取引を継続させることができれば、これまでどおりの取引を続けることができるかもしれない。金融機関がＭ＆Ａのアドバイザーの役

割を果たすことができれば、M&Aアドバイザリーフィーを受領できるだけでなく、さらなる金融取引の進行が見込まれる。

（4）M&A による第三者への事業承継のデメリット

① 第三者との条件調整の困難性と不確実性

M&Aが成立するためには、これまでまったく関係のなかった第三者と条件調整を行わなければならない。しかし、中小企業が自力でM&Aによって事業を引き継いでくれる会社を見つけることは困難である。交渉相手となる第三者の会社はどんな会社でもよいわけではなく、売り手企業の望む条件を満たすことが求められる。具体的には、金銭的なもの以外にも、これまで以上に事業に発展性を与える資力・理解のある相手であるなどといった条件である。このような条件をすべて満たすよい相手が見つからないというリスクがある。

また、相手が見つかったとしても、条件を詰められずに話が頓挫するリスクもある。相手のある話なので、一定の不確実性を伴う手法といえる。

② 表明保証責任、損害補償責任

売り手企業の負う表明保証責任とは、買い手企業に対して、契約の前提となる特定の事項についてそれが事実であることを表明し保証することである。そのような表明保証責任に違反した場合のペナルティとしての損害賠償責任を負うこととなる。多くの中小企業M&Aは事業承継を最大の目的として行うので、このような表明保証責任や損害補償責任について義務を負うことについて抵抗を感じる経営者もいる。しかし、このような条項がなければ、買い手企業は安心して株式譲渡契約を締結することはできない。

M&Aのプロセスにおいては、買い手企業は売り手企業から提示を受けた情報・資料を前提として意思決定を行う。さらに買収監査を実施し、公認会計士や弁護士などの専門家から監査結果を受領する。しかし、経営を行っているのは売り手企業であり、それらの情報が正確であり、また重要なすべての情報の開示を受けたかどうかなどは実際に経営権が移って何年間か経過しなければ、完全にはわからない。このような情報の非対称性について、一定の理解が必要となる。

以上のように、買い手企業は最善を尽くしても契約締結時において完全な情報を取得することは困難であるため、売り手企業にこのような表明保証責任・損害補償責任を負ってもらうことによって、M&A取引を実行するという意思決定を行うことができる。売り手企業の株主は株式の譲渡後もある一定期間において一定の責任を負う必要があり、この点においてもほかの事業承継問題の解決方法とは異なる。

(5) M&A の検討時期

「M＆Aは会社が立ち行かなくなった場合の最終手段であり、できるだけ別の方法を探りたい」と考える経営者も多い。今まで自分自身が経営した会社を第三者に承継するというのは抵抗があるのは理解できる。しかし、経営者が具体的にM＆Aの検討を進めない限り、条件に合う買い手がいるかどうかわからない。

問題なのはM＆Aの検討を進めない間、経営者は年を重ねていくことである。よくある事例として、経営者が高齢となり、後継者もいないと事業を縮小してしまい、会社としての魅力が失われていく。後継者不在という状況では、経営者自身が事業拡大を行うのに消極的となり、事業投資を怠ってしまう。また、取引先や金融機関からも後継者がいないことへの不安から、徐々に取引が減少してしまう。さらには経営者の体力的な問題や健康問題も加わってくると、売上高が顕著に減少し、利益水準も悪化していくことが多い。

条件に合う買い手に事業を継続してもらいたいなら、買い手にとって「魅力ある会社」にならないといけない。この「魅力ある会社」になることが、中小企業のM＆Aにとって重要なことであり、時間をかけて取り組むべきことである。そのため、後継者不在の企業は今すぐM＆Aするのか、廃業するのかを本気で検討しない限り、最終手段と考えていたM＆Aは成就せず、廃業・倒産せざるを得ない。

❷ 国内 M&A の動向と現状

(1) 急増する M&A 件数

国内M＆Aマーケットが急拡大を遂げている背景には、やはり経営者の高齢化がある。終戦後や高度経済成長期に活発に起業された企業について、近年、社長の高年齢化などの理由から事業承継問題が生じ、M＆Aマーケットが拡大してきたものと考えられる。

さらに、M＆Aに対する認知度の高まりとM＆Aの普及によって、中小企業の事業承継の方法としてM＆Aを選択する経営者が増えてきていると考えられる。

ただし、社会を賑わすようなM＆Aは大企業のものに限られ、残念ながら、中小企業を含めたM＆Aの件数を正確に把握することは困難である。日本全体の統計は不明であるものの、中小企業のM＆Aを仲介する上場企業6社の公表資料を集計すると、急激にその件数が増えていることが見て取れる〔図表4－2〕。

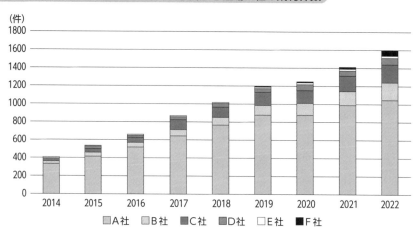

〔図表4－2〕中小企業のM&A仲介を手掛ける上場6社の成約件数

(2) 中小企業 M&A マーケットの特徴

① 売り手企業から始まるM&A

　中小企業M&Aマーケットにおいて、買い手企業は売り手企業の数倍規模で存在し、いわゆる売り手市場の状況にあるといえる。ただし、このような状況もM&Aマーケットのさらなる活性化によって状況が変わり、売り手企業が今後増加してくるものと予測される。

② アドバイザーの存在

　中小企業M&Aマーケットにおいては、仲介アドバイザー（仲介機関）は不可欠の存在である。中小企業では、上場企業のように公認会計士による法定監査を受けている決算書などはなく、基本的に税務上の処理に準じた会計処理がなされる。場合によっては、選択した会計処理が、粉飾や逆粉飾に該当するケースもある。

　また、中小企業では関連当事者（経営者やその一族など）との取引なども多くあり、中立的な視点から条件をまとめるアドバイザーがいなければ話を進めるのが大変困難となる。

　さらに、中小企業においては人的資源が豊富ではないことから、経営者が1人で会社の課題に対しすべて対応しているというケースも多い。M&A取引を進めるにあたっては、アドバイザーが経営者の頭の中から、M&Aに必要な情報がどれかを示し、M&Aに係る条件調整をまとめていく必要がある。

　このようにアドバイザーが間に入って取引を行うことが、このマーケットの特徴の1つといえる。

③ 秘密保持

　Ｍ＆Ａにおいては企業規模の大小にかかわらず、秘密保持が大変重要になるものの、企業規模によって秘密保持が必要な理由が変わってくる。上場企業を中心とする大企業にとっては、Ｍ＆Ａはインサイダー情報に該当するケースが多く、秘密漏洩があった場合には、投資家保護の観点から問題となる。

　一方、中小企業にとっては、Ｍ＆Ａ情報の漏洩は、風評被害を受けるリスクを高めてしまう。先述したように取引先にとってもＭ＆Ａはメリットがあるにもかかわらず、Ｍ＆Ａの成約を待たずに第三者を介して情報が漏れた場合には、取引先に多大な不安を与える可能性がある。つまり、「身売りしなければならないほど、困窮した状況だったのか。これからは、取引においても現金決済を求めなければ与信の観点から問題があるな」とあらぬ方向に取引先が行動を起こしてしまうケースもある。

　理由は異なるものの、中小企業Ｍ＆Ａマーケットにおいても秘密保持が重要であることは、大企業の場合と変わらない。

(3) 小規模企業者の M&A

　中小企業基本法において、中小企業者と小規模企業者の定義を次のように規定している〔図表4－3〕。

　中小企業におけるＭ＆Ａの対象に小規模企業者も当然に含まれるのだが、小規模企業者の経営者はＭ＆Ａを身近に感じていないことが多い。

　しかしながら、実態として、小規模企業者も数多くＭ＆Ａを実施していることがうかがえる。具体的には、事業承継・引継ぎ支援センターの2022年度における成約譲渡企業のう

〔図表4－3〕中小企業基本法の中小企業の定義と小規模企業の定義

業　種	中小企業者 （下記のいずれかを満たすこと）		小規模企業者
	資本金の額または出資の総額	常時使用する従業員の数	常時使用する従業員の数
①製造業、建設業、運輸業その他の業種（②～④を除く）	3億円以下	300人以下	20人以下
②卸売業	1億円以下	100人以下	5人以下
③サービス業	5,000万円以下	100人以下	5人以下
④小売業	5,000万円以下	50人以下	5人以下

出所：中小企業庁ホームページ

第4章

〔図表4－4〕事業承継・引継ぎ支援センターにおける成約譲渡企業の概要

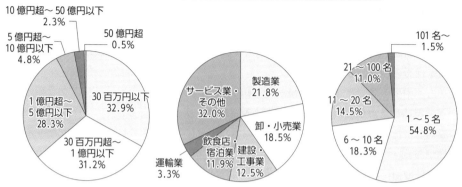

出所：事業承継・引継ぎ支援センターホームページ

ち、約64％の企業が売上高1億円以下であり、約73％の企業が従業員数10名以下となっている。

　したがって、小規模企業者こそ、中小企業のM＆Aのボリュームゾーンであり、今後、ますます増えていく可能性もある。

第
4
章

第 2 節

FP としてM&Aへのかかわり方

❶ M&A の用語

(1) M&A

　M&Aとは、「Mergers（合併）and Acquisitions（買収）」の略称であるが、わが国では、広く、会社法の定める組織再編（合併や会社分割）に加え、株式譲渡や事業譲渡を含む、各種手法による事業の引継ぎ（譲り渡し・譲り受け）をいう。

(2) マッチング

　マッチングとは、売り手側と買い手側がM&Aの当事者となり得る者として接触することをいう。売り手側と買い手側の条件調整は、マッチング後に開始することになる。

(3) 仲介者／仲介契約

　仲介者とは、売り手側・買い手側の双方との契約に基づいてマッチング支援等を行う支援機関をいう。

　仲介契約とは、仲介者が売り手側・買い手側双方との間で結ぶ契約をいい、これに基づく業務を仲介業務という。

(4) FA（フィナンシャル・アドバイザー）/FA 契約

　FA（フィナンシャル・アドバイザー）とは、売り手側または買い手側の一方との契約に基づいてマッチング支援等を行う支援機関をいう。

　FA契約とは、FAが売り手側・買い手側の一方との間で結ぶ契約をいい、これに基づく業務を FA 業務という。

(5) M&A プラットフォーム /M&A プラットフォーマー

　M＆Aプラットフォームとは、インターネット上のシステムを活用し、オンラインで売り手側・買い手側のマッチングの場を提供するウェブサイトをいう。

　M＆Aプラットフォーマーとは、M＆Aプラットフォームを運営する支援機関をいう（利用対象者や提供されるサービスの内容は、各M＆Aプラットフォーマーにおいて異なる）。

(6) セカンド・オピニオン

　セカンド・オピニオンとは、M＆Aを行おうとしている者が支援機関と契約を締結する際や、支援機関から受けた助言の内容の妥当性を検証したい場合等に、ほかの支援機関から意見を求めることをいう。

(7) ノンネーム・シート（ティーザー）

　ノンネーム・シート（ティーザー）とは、売り手側が特定されないよう企業概要を簡単に要約した企業情報をいう。買い手側に対して関心の有無を打診するために使用される。

(8) ロングリスト / ショートリスト

　ロングリストとは、基本的には、売り手側がノンネーム・シート（ティーザー）の送付先を選定するにあたり、買い手側となり得る候補先（数十社程度となることが多い）についての基礎情報をまとめた一覧表をいう。

　ショートリストとは、基本的には、ノンネーム・シート（ティーザー）を送付して関心を示した買い手側の候補先の中から、具体的に検討可能な候補先（数社程度となることが多い）を絞り込んだ一覧表をいう。

　なお、売り手側に関する情報の拡散を可能な限り防止する観点から、仲介者・FAがロングリストの内容を売り手側と協議しながら精査し、候補先を数社程度に絞り込んでショートリストとした後、ショートリスト記載の候補先にのみノンネーム・シート（ティーザー）を送付するケースもある。

(9) 秘密保持契約（NDA、CA）

　秘密保持契約とは、秘密保持を確約する趣旨で締結する契約をいう。具体的には、買い手側が、ノンネーム・シート（ティーザー）を参照して売り手側に関心を抱いた場合に、

より詳細な情報を入手するために売り手側との間で締結するケースや、売り手側や買い手側が仲介者・FA との間で締結するケース（仲介契約・FA 契約の中で秘密保持条項として含められるケースが多い）がある。「NDA（Non-Disclosure Agreement）」や「CA（Confidential Agreement）」ともいう。

(10) 企業概要書（IM、IP）

　企業概要書とは、売り手側が、秘密保持契約を締結した後に、買い手側に対して提示する、売り手側についての具体的な情報（実名や事業・財務に関する一般的な情報）が記載された資料をいう。インフォメーション・メモランダム「IM（Information Memorandum）」やインフォメーション・パッケージ「IP（Information Package）」ともいう。

(11) 意向表明書

　意向表明書とは、売り手側が買い手側を選定する入札手続を行う場合等に、買い手側が譲り受けの際の希望条件等を表明するために提出する書面をいう。企業概要書に記載された情報等を踏まえて暫定的な希望条件等を記載し、デュー・ディリジェンス（DD）に進む意向を表明する書面を第一次意向表明書、DD の結果を踏まえて最終的な希望条件等を記載し、譲受を希望する意向を明確に表明する書面を第二次意向表明書（最終意向表明書）等と称することがある。

　たとえば、債務超過企業において買い手側（スポンサー）を選定する場合に、その過程の透明性・公正性を確保するため入札手続を実施するケース等において、意向表明書が用いられることがある。

　なお、買い手側からの意向表明書に対する応諾書を、売り手側が提出することにより、基本合意とほぼ同様の合意を締結したものとして扱うこともある。

(12) 基本合意書（LOI、MOU）

　基本合意書とは、売り手側が、特定の買い手側に絞ってM&Aに関する交渉を行うことを決定した場合に、その時点における売り手側・買い手側の了解事項を確認する目的で記載した書面をいう。「LOI（Letter of Intent）」「MOU（Momorandum of Understanding）」ともいう。

　基本的に法的拘束力がないものの、買い手側の独占的交渉権や秘密保持義務等については、法的拘束力を認めることが通常である。

第4章

(13) デュー・ディリジェンス（DD）

デュー・ディリジェンス（Due Diligence）とは、対象企業である売り手側における各種のリスク等を精査するため、主に買い手側がFAや士業等専門家に依頼して実施する調査をいう（「DD」と略することが多い）。調査項目は、M＆Aの規模や実施希望者の意向等により異なるが、一般的に、資産・負債等に関する財務調査（財務DD）や株式・契約内容等に関する法務調査（法務DD）等から構成される。

なお、そのほかにも、ビジネスモデル等に関するビジネス（事業）DD、税務DD（財務DD等に一部含まれることがある）、人事労務DD（法務DD等に一部含まれることがある）、知的財産（知財）DD、環境DD、不動産DD、ITDDといった多様なDDが存在する。

(14) クロージング

クロージングとは、M＆Aにおける最終契約の決済のことをいい、株式譲渡、事業譲渡等に係る最終契約を締結した後、株式・財産の譲渡や譲渡代金（譲渡対価）の全部または一部の支払を行う工程をいう。

(15) PMI

PMI（Post-Merger Integration）とは、クロージング後の一定期間内に行う経営統合作業をいう。

(16) バリュエーション（企業価値評価・事業価値評価）

バリュエーションとは、企業または事業の価値を定量的に評価することをいう。評価額は、M＆Aで譲渡額を決める際の目安の1つとして取り扱われる。評価手法はさまざまなものがあり、企業の実態や事業の特性等に応じた手法が選択される。

(17) チェンジ・オブ・コントロール（COC）条項

チェンジ・オブ・コントロール条項とは、ある企業が締結している契約（たとえば、賃貸借契約、取引基本契約、フランチャイズ契約等）について、当該企業の株主の異動や支配権の変動等により当該契約の相手方当事者に解除権が発生すること等を定める条項をいう。COC（Change of Control）条項ともいう。

(18) 経営者保証に関するガイドライン

　「経営者保証に関するガイドライン」とは、中小企業の経営者による個人保証（以下「経営者保証」という）に関する契約時および履行時等における中小企業、経営者および金融機関による対応についての、中小企業団体および金融機関団体共通の自主的自律的な準則として、「経営者保証に関するガイドライン研究会」により、2013年12月に策定・公表され、2014年2月1日より適用されているガイドラインをいう（以下「経営者保証に関するガイドライン」という）。

　また、これを補完するものとして、事業承継時に先代経営者および後継者の双方から二重に保証を求めること（二重徴求）を原則として禁止する、「事業承継時に焦点を当てた『経営者保証に関するガイドライン』の特則」（以下「経営者保証に関するガイドラインの特則」という。）が、「経営者保証に関するガイドライン研究会」により、2019年12月に策定・公表され、2020年4月1日より適用された。

---

❷ M&A の手順

(1) M&A の手順の概要

　1つのM＆Aが成約するまでには早くても3カ月、通常であれば半年以上を要するが、その過程でさまざまなステップを踏む必要がある〔図表4－5〕。

(2) M&A に向けた事前準備

　今まで会社を切り盛りしてきた経営者が、M＆Aとして自社を売りに出すかどうかについての意思決定を一人で行うことはむずかしい。したがって、まずは早期に身近な支援機関へ相談したうえで、支援機関による助言のもとでM＆Aの事前準備を行うことが望ましい。

①　支援機関への相談

　売り手企業の経営者は通常、これまで自社の事業を売り渡したことがない。そのため、M＆Aをしようと考えても、どのような準備を行えばよいかわからない。また、経営者はM＆Aに専念するわけにもいかず、日々の業務への対処等を優先してしまい、なかなか検討が進まないことが多い。さらに、専門的な知見を有しないなかで検討を続けることで誤

第4章

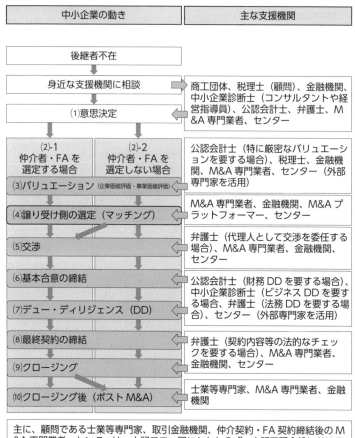

〔図表4－5〕 中小M＆Aフロー図

中小企業の動き	主な支援機関

後継者不在

身近な支援機関に相談 → 商工団体、税理士（顧問）、金融機関、中小企業診断士（コンサルタントや経営指導員）、公認会計士、弁護士、M＆A専門業者、センター

(1)意思決定

(2)-1 仲介者・FAを選定する場合 / **(2)-2 仲介者・FAを選定しない場合**

(3)バリュエーション (企業価値評価・事業価値評価) → 公認会計士（特に厳密なバリュエーションを要する場合）、税理士、金融機関、M＆A専門業者、センター（外部専門家を活用）

(4)譲り受け側の選定（マッチング） → M&A専門業者、金融機関、M&Aプラットフォーマー、センター

(5)交渉 → 弁護士（代理人として交渉を委任する場合）、M&A専門業者、金融機関、センター

(6)基本合意の締結

(7)デュー・ディリジェンス（DD） → 公認会計士（財務DDを要する場合）、中小企業診断士（ビジネスDDを要する場合、弁護士（法務DDを要する場合）、センター（外部専門家を活用）

(8)最終契約の締結 → 弁護士（契約内容等の法的なチェックを要する場合）、M&A専門業者、金融機関、センター

(9)クロージング

(10)クロージング後（ポストM&A） → 士業等専門家、M&A専門業者、金融機関

主に、顧問である士業等専門家、取引金融機関、仲介契約・FA契約締結後のM＆A専門業者、センターは、上記フロー図にかかわらず、上記工程全般における一時的な相談に対応が可能

（※）事業引継ぎ支援センターは「センター」と記載している。

出所：「中小M＆Aガイドライン」中小企業庁

った判断を行うおそれもある。

　そのため、売り手企業の経営者がまず行うべきことは、身近な支援機関への相談である。具体的には、商工団体、士業等専門家（公認会計士・税理士・中小企業診断士・弁護士等）、金融機関、M&A専門業者のほか、事業承継・引継ぎ支援センターといった公的機関があり、まずはこういった支援機関に相談することが望まれる。実際には、まず顧問の

士業等専門家（特に顧問税理士）に相談することが多い。

　金融機関としては経営者からの相談を待つことなく、後継者不在の中小企業に対して、M&Aを含めた将来の事業戦略など、積極的な情報提供が求められる。また、顧問税理士や商工団体など、ほかの支援機関と連携して進めることでM&Aに向けた論点整理がしやすくなる。

　では、実際に売り手企業がM&Aを実施する際に、どのようなことを障壁として捉えているだろうか〔図表4−6〕。

　「経営者としての責任感や後ろめたさ」が最も高く、30.5％となっている。売り手としてのM&Aに対するイメージは向上してきているものの、現在でもM&Aの意思決定の際にこうした心理的側面が大きく影響していることがわかる。従業員の雇用維持を重視する経営者が多いことを考慮すると、特に従業員に対する後ろめたさのような感情がM&Aの障壁になっている可能性が考えられる。なお、M&A実施後、売り手企業の従業員の雇用継続は8割以上の企業で全従業員の雇用を継続していることがわかる〔図表4−7〕。

　支援機関としては、このような統計を示しながら、売り手企業の経営者の不安解消に努めたい。

第4章

〔図表4−6〕売り手としてM&Aを実施する際の障壁

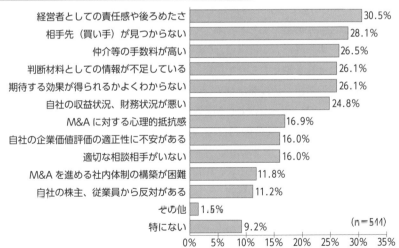

（※）1．M&Aの実施意向について「売り手として意向あり」、「買い手・売り手ともに意向あり」と回答した者に対する質問。
　　　2．複数回答のため、合計は必ずしも100％にならない。
出所：「中小企業白書2021」中小企業庁

〔図表4-7〕M&A実施後、譲渡企業の従業員の雇用継続の状況

（※）1．M&Aの実施について「2015年以降にM&Aを実施したことがある」と回答した者に対する質問。
　　　2．「ほぼ全員」と回答したものを「10割」と表記している。
出所：「中小企業白書2021」中小企業庁

　また、「相手先（買い手）が見つからない」や「仲介等の手数料が高い」といった実務的な障壁の割合も高く、売り手としてのM&Aを支援する仕組みのさらなる充実が期待される。

② 後継者不在であることの確認

　売り手企業の経営者は、親族内・社内に後継者候補がいないこと（つまり後継者が不在であること）を確認しておく必要がある。具体的には、親族内承継を実施しないことにつき身近な親族（特に子や兄弟）から了解を得ておくこと、社内に後継者候補がいないこと（従業員承継が不可であること）を確認しておく必要がある。この際、前述のとおり、秘密保持の観点には注意が必要である。なお、近年、後継者がいるにもかかわらず、M&Aの提案を受けたオーナー経営者が後継者との約束を反故にしてトラブルになるケースが増えている。後継者は会社を継ぐつもりで積極的に経営改善に貢献したにもかかわらず、オーナー経営者が株式の譲渡対価に惹かれて交渉を進めてしまう。当然ながら後継者は面白くないので、退職してしまう。しかし、M&Aの買い手企業からすると、後継者はいないと聞いているので、M&Aの交渉の過程で優秀な経営幹部が去ってしまったと捉え、M&A取引を中断してしまう。その結果、会社は後継者がいなくなり、M&Aもできなくなってしまうため、後継者不在であることの確認はきわめて重要である。

③ 引退後のビジョンや希望条件の検討

　売り手企業の経営者は、引退後のビジョンを含む希望条件を事前によく考えておく必要がある。たとえば、当面は売り手側・買い手側の事業にかかわり続けたいのか、別の事業に進出したいのか、それとも社会貢献活動や余暇を楽しむといったまったく別のことを行いたいのか等、引退後にどのような過ごし方を選択するかといった点は、本人のその後の人生にとって重要な要素である。

〔図表4－8〕 M＆A実施後、譲渡企業の経営者の処遇

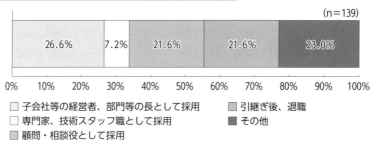

(n＝139)

| 26.6% | 7.2% | 21.6% | 21.6% | 23.0% |

□ 子会社等の経営者、部門等の長として採用　　■ 引継ぎ後、退職
□ 専門家、技術スタッフ職として採用　　　　　■ その他
■ 顧問・相談役として採用

（※）M＆Aの実施について「2015年以降にM＆Aを実施したことがある」と回答した者に対する質問。
出所：「中小企業白書2021」中小企業庁

　引退後のビジョンを考えるうえで参考になるのが、実際にM＆Aを実施した売り手企業の経営者のその後である。中小企業白書によると、約半数以上の企業において売り手企業の経営者がM＆A実施後もなんらかの形で事業に関与していることがわかる〔図表4－8〕。

　また、希望条件についても、代金（譲渡対価）の金額や従業員の雇用継続は、売り手企業の経営者として懸念することの多い重要な要素の1つではあるが、希望条件として検討すべき要素はこれに限定されるものではない。

　売り手企業の経営者は、希望条件を明確化し、可能な限り優先順位を付しておくことが望ましい。M＆Aは相手があることであり、売り手企業の希望条件が確実に受け入れられるわけではないが、そのような場合に譲歩できない点を固めておくことは、買い手企業とどのような点を交渉すべきかを明確化することになり、円滑な交渉の実現にも資するものである。

④ 「見える化」「磨き上げ」（株式・事業用資産等の整理・集約）

　一般的に、事業承継においては、経営状況・経営課題等の現状把握（見える化）と、事業承継に向けた経営改善等（磨き上げ）が必要とされるが、中小M＆Aの実行のためには、そのなかでも最低限、株式・事業用資産等の整理・集約が必要である。

〈株式の整理・集約〉

　普段は意識する機会が少ないものの、会社にとって株式は非常に重要なものである。仮に、株式が分散していたり、一部株主の所在が不明であったりする場合、M＆Aを実行する際に重大な障害になるおそれもある。

　基本的に、総議決権の過半数の株式があれば株主総会決議は確実に可決することができるが、特に重要な事項（たとえば、全事業の譲渡）については特別決議（出席株主の議決権の3分の2以上の賛成が必要な決議）が必要となることがあるため、これを確実に可決

できるように総議決権の３分の２以上の株式を保有しておくことが望ましい。

　仮に売り手企業の経営者が買い手企業に対して、会社の全株式を譲渡する場合（株式譲渡）には、基本的に、売り手企業の経営者が全株式を保有しておく必要がある。そのためには、ほかの株主からの株式の買取（およびそのための買取資金の調達）が必要なケースもある。

　また、株主名簿が正しく整備されているか、実際に出資していない親族・知人等の名義になっている株式（いわゆる名義株）がないか、（株券発行会社の場合）株券が適切に管理されているかといった点も確認が必要である。

〈事業用資産等の整理・集約〉

　重要な事業用資産等（不動産や機械設備等）について、第三者の名義である、担保が設定されている、遺産分割の対象として争われている、第三者との間で係争中の物件である等の場合、譲り渡し後の事業継続に支障が生じ得るため、これらについても確認が必要である。

　また、中小企業においては家族経営の企業が多いことから、売り手企業の財産と経営者個人の財産が明確に分離されていないケースも多い。そのようなケースでは、譲渡する事業用資産等を買い手企業側にスムーズに譲り渡せないこともあるため、この点も明確に区別して整理・集約しておく必要がある。

（3）意思決定

　前述のとおり、意思決定前の段階から必要に応じて支援機関に相談しつつ、整理すべき事項を整理したうえで、最終的には自ら明確に意思決定することが必要である。経営者が意思決定するとＭ＆Ａの支援機関は積極的に支援しやすくなる。反対に、経営者が意思決定するまでは経験豊富な専門家もその力を十分に発揮できない。

　そのため、意思決定前から中小企業の経営者と接点を持つ金融機関の担当者は、Ｍ＆Ａの意思決定をしやすくなるように経営者の不安を解消することが望まれる。

（4）仲介者・ＦＡを選定する場合

仲介契約・ＦＡ契約の締結

　仲介者・ＦＡを選定し、仲介契約・ＦＡ契約を締結する（名称は「仲介契約」「ＦＡ契約」のほか、「業務委託契約」「アドバイザリー契約」等とされることもある）。

　仲介者・ＦＡの選定にあたっては、業務形態や業務範囲・内容、契約期間、報酬（手数料）体系、Ｍ＆Ａ取引の実績（Ｍ＆Ａに取り組んだ件数・年数等）、利用者の声等をホーム

ページや担当者から確認したうえで、複数の仲介者・FA の中から比較検討して決定することが重要である。加えて、いわゆる「相性」も重要なことがある。

　また、仲介者・FA のほか、特に顧問税理士等、もともと関与のある士業等専門家の支援のもとで手続を進めるケースもある。

　仲介契約・FA 契約を締結する際は、M&A に関する希望条件を明確に伝えつつ締結前に納得がいくまで十分な説明を受けることが必要であり、特に業務の具体的な内容や報酬の妥当性等については、必要に応じて事業承継・引継ぎ支援センターを含め、ほかの支援機関に意見を求めること（セカンド・オピニオン）も有効である（なお、仲介契約・FA 契約締結後においては、売り手側・買い手側の情報の管理等の観点から、元の支援機関がセカンド・オピニオンを許容しないことがあるため、このような場合には元の支援機関とよく相談されたい）。

〈仲介契約・FA 契約の内容の主なポイント〉

a．業務形態

　小規模な中小企業の M&A については、FA よりも仲介者の方が多く用いられる傾向にある。ただし、業務形態により留意すべき事項が異なるため、いずれの業務形態であるか確認しておく必要がある。

形態	業務内容	特徴	活用するのに適するケース
仲介者	売り手側・買い手側の双方と契約を締結する。	売り手側・買い手側の双方の事業内容がわかるため、両当事者の意思疎通が容易となり、M&A の実行に向けて円滑な手続が期待できる。	● 売り手側が譲渡額の最大化だけを重視するのではなく、買い手側とのコミュニケーションを重視して円滑に手続を進めることを意図する場合 ● 売り手側の事業規模が小さく、支援機関に対して単独で手数料を支払うだけの余力が少ないが、できるだけ支援機関のフルサービスを受けたい場合
FA	売り手側・買い手側の一方と契約を締結する。契約者の意向を踏まえ、契約者に対し踏み込んだ助言・指導等まで行うことが多い。	一方当事者のみと契約を締結しており、契約者の利益に忠実な助言・指導等を期待しやすい。	● 売り手側が譲渡額の最大化を特に重視し、厳格な入札方式（最も有利な条件を示した入札者を買い手側とする方式）による譲渡を希望する場合（たとえば、債務整理手続を要する債務超過企業の M&A の場合等） ● このような手続を実施するための費用負担能力がある場合（特に規模が比較的大きい M&A の場合）

b．業務範囲・内容

たとえば、次のような形が考えられる。

● 売り手側・買い手側のマッチングまで

第4章

- バリュエーション（企業価値評価・事業価値評価）やデュー・ディリジェンス（DD）まで
- 株式譲渡や事業譲渡といった具体的なスキーム（手法）の策定まで
- クロージング（決済）まで
- PMI（M＆A実行後における事業の統合に伴う作業）まで

ただし、これらはあくまで例示に過ぎず、業務範囲・内容は、各仲介者・FAによって異なる。手数料と比較して十分な内容であるとして納得できるかどうか、必要であれば事業承継・引継ぎ支援センター等へのセカンド・オピニオンも活用しながら、十分に検討することが望ましい。

c．手数料の体系

たとえば、次のような体系が考えられる。

- 着手金（主に仲介契約・FA契約締結時に支払う）
- 月額報酬（主に一定額を毎月支払う）
- 中間金（たとえば基本合意締結時等、案件完了前の一定の時点に支払う）
- 成功報酬（主にクロージング時等の案件完了時に支払う）

ただし、これらはあくまで例示に過ぎず、手数料の金額や体系は、各仲介者・FAによって異なる。たとえば、これらをすべて請求する仲介者・FAもいる一方、着手金・月額報酬・中間金を請求せずに成功報酬のみ請求する（いわゆる完全成功報酬型の）仲介者・FAもいる。

また、成功報酬を算定する際には、一定の価額（たとえば、譲渡額、移動総資産額、純資産額といったものが考えられ、各仲介者・FAによって異なる）に、一定の方式に則った計算を施すものが多い。その場合でも、最低手数料が定められているケースも多い（その水準は、各仲介者・FAにおいて異なるため、比較検討することが望ましい）。

なお、仲介者の場合は、売り手側・買い手側の双方と契約を締結の上、売り手側・買い手側の双方に対し手数料を請求することが通常である。

d．秘密保持

前述のとおり、情報の漏洩があった場合にはM＆Aが頓挫してしまうことがあり、秘密保持の観点は重要であるため、仲介者・FAとの間の業務委託契約等においても、秘密保持条項が含められていることが通常である。

特定の者（たとえば、公認会計士、税理士、弁護士等の士業等専門家）への情報共有が許容されている場合（秘密保持義務が一部解除されている場合）もあるため、そのような規定があるかも確認しておくことが望ましい。

e．専任条項

通常、マッチング支援等において併行してほかの仲介者・FA への依頼を行うことを禁止する条項（いわゆる「専任条項」）が設けられている。ほかの仲介者・FA にセカンド・オピニオンを求めることやほかの仲介者・FA を利用してマッチングを試みること等、禁止される行為が具体的にどのような行為であるのかという点をあらかじめ確認しておくことが望ましい。また、契約期間や中途解約に関する事項等についても併せて確認しておくことが望ましい。

f．テール条項

マッチング支援等において、M&A が成立しないまま、仲介契約・FA 契約が終了した後、一定期間（いわゆる「テール期間」）内に、売り手側が M&A を行った場合に、その契約は終了しているにもかかわらず、その仲介者・FA が手数料を請求できることとする条項（いわゆる「テール条項」）が定められる場合がある。テール期間の長さ（最長でも 2 年〜3 年以内が目安である）や、テール条項の対象となる M&A（基本的には、その仲介者・FA が関与・接触し、売り手側に対して紹介した買い手側との M&A のみに限定される）について、あらかじめ確認しておくことが望ましい。

(5) 仲介者・FA を選定せず、工程の多くの部分を自ら行う場合

取引先や地域内の同業他社等を買い手側として自ら見つけるケースは、近年、増加の傾向にあるとされる。

また、インターネット上のシステムを活用し、オンラインで、売り手側と買い手側のマッチングの場を提供するウェブサイトである M&A プラットフォームに登録することが、M&A 実現の可能性を高めるという点で有効なケースもある。各 M&A プラットフォームにおいて、登録案件数、登録が必要な情報の種類、登録された情報が開示される範囲や、マッチング後の支援の有無・内容等には差異があるので、数社を比較検討することが望ましい。

これらのケースでも、前述のとおり、秘密保持に注意する等、慎重な対応を要するポイントが多いことから当事者同士で手続を進めることに不安を感じた場合には、士業等専門家等や事業承継・引継ぎ支援センター等の公的機関に相談することが望ましい。

(6) バリュエーション（企業価値評価・事業価値評価）

仲介者・FA や士業等専門家が、売り手側経営者との面談や提出資料、現地調査等に基

づいて売り手側の企業・事業の評価を行う。

　中小企業のM&Aでは、「簿価純資産法」、「時価純資産法」または「類似会社比較法（マルチプル法）」といったバリュエーションの手法により算定した株式価値・事業価値を基に譲渡額を交渉するケースが多いが、事例ごとに適切な方法は異なる。

　また、算出された金額が必ずそのままM&Aの譲渡額となるわけではなく、交渉等の結果、「簿価純資産法」または「時価純資産法」で算出された金額に数年分の任意の利益（税引後利益または経常利益等）を加算する場合等もあり、当事者同士が最終的に合意した金額が譲渡額となるという点は理解しなければならない。

（7）買い手側の選定（マッチング）

　マッチングを具体的に進めるにあたり、仲介者・FAは、通常、まず売り手側を特定できない内容のノンネーム・シート（ティーザー）を、数十社程度にまで絞り込んだリスト（ロングリスト）内の企業に送付し打診する。そのうえで、関心を示した候補先から買い手側となり得る数社程度をリスト（ショートリスト）化し、これらとの間で秘密保持契約を締結したうえで、その後の手続を進めることが通常である。仲介者・FAは、売り手側についての企業概要書を買い手側の候補先に交付し、その後のマッチング支援等を行う。

　売り手側は、マッチングを希望する候補先、あるいは打診を避けたい先があれば、事前に仲介者・FAに伝えることが望ましい。また、打診を行う優先順位について、仲介者・FAとの間で十分な話し合いを行う必要がある。

　なお、仮に、リスト内の候補先とのマッチングが連続して不調に終わったとしても、その後に売り手側の事業を評価する候補先が現れて、M&Aが成立する可能性は十分にある。それでもなお、売り手側が買い手側を見つけることができず、やむなく廃業せざるを得ない場合には、事業において利用していた事業資産等の経営資源の引継ぎの検討を開始することが望まれる。買い手側の探索をいつ打ち切るかは、売り手側と仲介者・FAとで協議のうえで決定されたい。

（8）交渉

　交渉の進め方は、売り手側・買い手側の関係や事業の類似性、売り手側・買い手側と仲介者・FAとの関係度合等により、売り手側・買い手側の経営者同士の面談（トップ面談）の時期や方法も含め、さまざまな形態がある。

　特に、トップ面談は、買い手側の経営理念・企業文化や経営者の人間性等を直接確認するための場であり、その後の円滑な交渉のためにも重要な機会である。一方、自分の態度

や表情も相手方に直接伝わりやすく、不用意な言動も信頼を損なうおそれがあるため誠意ある態度で真摯に面談に臨む必要がある。

　また、トップ面談を含む交渉の際には、M&Aにおける希望条件を明確化し、可能な限りで優先順位を付し、特に、絶対に譲歩できないのがどの点なのか固めておくことが望ましい。

　いずれにせよ、仲介者・FA と緊密なコミュニケーションを取り、仲介者・FA のアドバイスを得て条件調整を進めることが重要である。

　なお、売り手側の経営者は、M&A 実行後の従業員の処遇を懸念することが多く、それがM&Aの促進にとって阻害要因になっているおそれもある。実際、M&A 実行後に従業員の一斉解雇（リストラ）が行われるケースは多くないと言われるが、売り手側の経営者は、買い手側の経営者が売り手側の幹部役員等に対して高圧的な態度を取ることなく、買い手側役員・従業員等と同等に接する姿勢を心掛けているか、確認しておくことが考えられる。

(9) 基本合意の締結

　当事者間の交渉によりおおむね条件合意に達した場合には、売り手側と買い手側との間で最終契約におけるスキーム（株式譲渡や事業譲渡といった手法）、デュー・ディリジェンス（DD）前の時点における譲渡対価の予定額や経営者その他の役員・従業員の処遇、最終契約締結までのスケジュールと双方の実施事項や遵守事項、条件の最終調整方法等、主要な合意事項を盛り込んだ基本合意を締結する。

　基本合意の締結にあたっては、仲介者・FA や士業等専門家の助言を受けて調印することが大切である。

　ただし、資金繰り等の関係で、クロージング（決済）を急ぐ必要がある場合には、基本合意を締結せず、最低限の秘密保持契約の締結のみにとどめて、最終契約締結に直接進むケースもあるため、状況に応じて、仲介者・FA や士業等専門家への相談が必要となる。

(10) デュー・ディリジェンス（DD）

　デュー・ディリジェンス（DD）は、主に買い手側が、売り手側の財務・法務・ビジネス（事業）・税務等の実態について、FA や士業等専門家を活用して調査する工程であり、譲渡対価の金額の精査や、判明した実態を踏まえてさらに事業の改善を行うこと等の目的で行われる。買い手側が DD を行う場合、どの調査を実施するかについては、買い手側の意向に従うこととなる。

　通常、買い手側がFAや士業等専門家に調査の実施を依頼する。売り手側が、M&Aに関して社内（役員・従業員等）への情報開示を行っていない場合は、その非開示の役員・従業員等に悟られずに実施する等の工夫が必要であるため、売り手側・買い手側ともに、FAや士業等専門家の指示を守ることが重要である。

　なお、DDは、想定しうるリスク全般について調査することもあれば、対象事項等を限定して簡易な形で行うこともあり、調査の密度はさまざまである。中小企業のM&Aの実務においては、買い手側が専門家費用を投じて本格的なDDを行うことなく、売り手側の数年分の税務申告書の確認および売り手側経営者へのヒアリング等の調査だけで終えることもある。

(11) 最終契約の締結

　デュー・ディリジェンス（DD）で発見された点や基本合意で留保していた事項について再交渉を行い、最終的な契約を締結する工程である。

　仲介者・FAや士業等専門家のアドバイスを受けながら、契約内容に必要な事項が網羅されているかを最終的に確認した後、調印を行う。仲介者・FAや士業等専門家によるアドバイスに納得できず、不安がある場合には、調印前に契約内容に関する意見をほかの支援機関に求めること（セカンド・オピニオン）も有効である。また、契約に盛り込む内容や条件を早い段階から仲介者・FAに伝えておいた方が、円滑な契約締結につながることが多い。

　中小企業のM&Aの実務においては、株式譲渡か事業譲渡の手法が選択されることが多い。それぞれの手法の大まかな特徴は以下のとおりである。なお、株式譲渡も事業譲渡も、全部譲渡は必須ではなく、一部譲渡のケースもあるが、その点は売り手側・買い手側の協議・交渉によって決定されることになる。

a．株式譲渡

　売り手側の株主（多くの場合は経営者）が、買い手側に対し、売り手側の株式を譲渡する手法である。手続は比較的シンプルだが、売り手側の法人格に変動はないため、（未払い残業代等、貸借対照表上の数字には表れない）簿外債務・（紛争に関する損害賠償債務等、現時点では未発生だが将来的に発生し得る）偶発債務リスクが比較的高くなりやすく、より詳細なデュー・ディリジェンス（DD）が実施される傾向にある。

b．事業譲渡

　売り手側が、買い手側に対し、自社の事業を譲渡する手法である。譲渡の対象となる財産（承継対象財産）を選択でき、売り手側の法人格から切り離すことができるため、簿外

債務・偶発債務リスクを比較的遮断しやすいが、手続には（土地、建物や機械設備等といった）承継対象財産の特定や、（不動産登記手続等の）対抗要件具備、許認可の取得等の作業が必要になる。

　なお、個人事業主のM&Aは、事業譲渡の手法を用いることが通常である。

　また、最終契約で取り決める主要な内容は以下のとおりである（株式譲渡・事業譲渡の両方に共通である。）。

- 譲渡対象（何を譲渡するか）
- 譲渡時期（いつ譲渡対象を譲渡するか）
- 譲渡対価（代金をいくらにするか）
- 支払時期・方法（譲渡対価をいつどのような方法で支払うか）
- 経営者・役職員の待遇（経営者による引継ぎ期間や、従業員の雇用継続の努力義務等を設けてあるか）
- 表明保証条項（双方が取引を実行する能力を有していることの確認等を含め、何を求められており、仮に違反した場合にどのような補償等を求められているか）
- クロージングの前提条件（クロージングまでに何を行う必要があるか）
- 競業避止義務（譲渡後に競合する事業を行うことがどの程度禁止されているか）
- 契約の解除事由（どのような場合に契約を解除できるか）　等

なお、譲渡対価は、クロージングを迎えて初めて支払われることが通常であり、最終契約締結後クロージングまでの時期に関して、最終契約上でなんらかの条件が規定されることもある。また、売り手側・買い手側の協議において、M&Aに関する情報をクロージング後に公表する旨の合意をしている場合には、それまでの間、秘密保持を貫く必要がある。M&Aは最終契約締結によってすべて完了するものではない、という点には注意が必要である。

(12) クロージング

　M&Aの最終段階であり、株式等の譲渡や譲渡対価の支払を行う。特に買い手側から譲渡対価の全部または一部が確実に入金されたことを確認することが必要である。

　仮に事業譲渡の手法を選択し、承継対象財産の中に不動産が含まれる場合には、クロージング後速やかに登記手続を行う必要があるため、クロージングにおいて登記必要書類を授受することが通常である。そのような場合には、司法書士等とも日程調整のうえ、クロージングに向けた具体的な段取りの準備を進める。

　金融機関からの借入金や不動産等への担保設定がある場合は、担保解除（およびこれに

第4章

伴う担保抹消登記手続）につき、取引金融機関との調整があらかじめ必要となることがあり、その場合には、自ら調整を行うか、仲介者・FA や士業等専門家の指示に従い、必要な手続を進めることが必要である。

(13) クロージング後（ポスト M&A）

　クロージングを迎えた後も売り手側経営者は、PMI（M＆A実行後における事業の統合に伴う作業）として、買い手側による円滑な引き継ぎ等に向けて、誠実に対応する必要がある（最終契約において具体的な協力義務等を定めている場合には、これを果たす必要がある）。

　たとえば、株式譲渡や事業譲渡の場合、以下のような引継ぎ等の作業が必要となる。

〈共通〉
- クロージングについての役員・従業員や取引先等に対する報告
- リース契約・賃貸借契約・金銭消費貸借契約等に関する名義変更・経営者保証解除・（連帯）保証人変更（なお、クロージング前に、リース会社・賃貸人・取引金融機関等との協議・交渉を開始することが多い。特に、賃貸借契約等についてのチェンジ・オブ・コントロール条項の定めがある場合には、当該契約等の継続のために事前に賃貸人等との協議や交渉が必要になることがあるため、注意が必要である。）
- 業務フローの引継ぎ・業務管理体制の構築　等

〈株式譲渡の場合〉
- 代表者変更のための株主総会・取締役会や登記手続　等

〈事業譲渡の場合〉
- 売掛金の振込先口座の変更
- クロージング後における売掛金の入金・買掛金の出金の清算
- 給与体系・就業規則その他の人事労務関係の統一　等

　売り手側は、買い手側の希望に応じて、引継ぎ等の作業に適宜協力することが望まれる。こういった作業には、3カ月〜1年程度の時間を要することが多いが、個別のケースにおいて異なる。

　この工程を経て、売り手側経営者は、徐々に事業運営から離れていくことになり、また、買い手側は、売り手側の事業を実質的にも引き継ぐことになる。

❸ FP のかかわり方

(1) 金融機関による中小企業の M&A 支援の特色

　金融機関は貸付先（与信先）である顧客の詳細な財務情報等を保有しており、顧客にとって経営相談等も行う身近な支援機関であり、特に地方においては非常に重要なネットワークを有する存在である。

　金融機関が中小企業のM&A支援を行う場合、顧客は貸付先（与信先）であることが多く、与信業務を含む固有業務に付随して、M&Aに関する助言等を行うことができる。また、M&A支援の際に、顧客のマッチング候補先を外部に求めるだけでなく、自らの顧客基盤の中からマッチング候補先を抽出できる点も金融機関の特色である。

　しかしながら、現状では、都市銀行、地域銀行、信用金庫や信用組合といった業態や規模ごとに、また、同じ業態や規模であっても個別の金融機関ごとに、ノウハウの蓄積、人員等の体制整備の状況はまったく異なっており、こういった取組みに対する姿勢はまちまちである。

　金融機関には、顧客の経営内容や財務内容、課題等を十分把握したうえ、中長期的な視野のもとで中小企業のM&A支援を行うことにより、地域の中小企業の事業継続や生産性向上、ひいては地域経済の活性化の実現に貢献することが期待され、こうしたことが金融機関自身の継続的な経営基盤を確保するうえでも重要であると考えられる。

(2) 気づきの機会の提供「見える化」、「磨き上げ」支援

　金融機関において、まず顧客からの初期相談を受け付けるのは、通常、営業店である。相談内容は必ずしも事業承継に関するものに限られないが、相談中に事業承継についての必要性を見出した場合には、本部の専門部署と連携する等して、当該顧客にその点についての気づきの機会を提供することが望まれる。

　なお、事業承継は経営者にとってセンシティブな話題でもあるため、経営者との対話の際には、適切な伝え方やタイミングについて注意が必要である。

　また、その後の取組みとして、M&Aを検討する顧客に対して、必要に応じて「ローカルベンチマーク」等も適宜活用しながら、経営状況・経営課題等の「見える化」、企業価値・事業価値を高める「磨き上げ」を支援することが望まれる。

　「見える化」を行うためには事業計画等を策定し、PDCA サイクルを回すことが大事で

ある。

　また、「磨き上げ」とは、売上や利益を改善したり、財政状態を健全にしたりすることはもちろん、組織図の作成や就業規則等の規程類の整備・運用状況の改善も含まれる。中小企業は社長個人に依存している部分が大きいことから、属人化している暗黙知を形式知に変換して、組織として機能するように整備することも望まれる。このような磨き上げを行う際には、J-SOX の対象企業が作成する「業務記述書」「フローチャート」「リスク・コントロール・マトリックス（RCM）」の 3 点セットが参考になる。

（3）M&A の実行支援

　金融機関は自らの専門的な知見をもとに中小企業に対して実践的な提案を行い、M & A の意思決定を支援することが求められる。

　特に、比較的小規模な M & A において仲介業務を行う場合には、公平・中立な第三者としての立場から、当事者である中小企業に対して、M & A の留意点に関する情報提供等、側面支援を行うことが望まれる。この際、最終的な意思決定は当事者が行うことを前提に、各当事者が適切に意思決定を行うことができるよう、十分な情報を提供する必要がある。

（4）M&A 実行以後に関する支援（ポスト M&A 支援）

　M & A において、買い手側が金融機関からの融資により譲渡対価相当額の資金を調達するケースが相当数あり、そのような場合には当該融資の可否が M & A の実現にとって重要な要素となることから、金融機関は、買い手側のニーズや M & A 後の事業の見通し等を十分踏まえて、融資を検討することが望まれる。

　また、金融機関は、M & A 実行後も、「経営デザインシート」等の各種のサポートツール等も適宜活用し、経営上の助言等を通じ、顧客の企業価値・事業価値の向上について支援することも考えられる。

（5）ほかの支援機関との連携

　金融機関は士業等専門家や M & A 専門業者、事業承継・引継ぎ支援センターや中小企業活性化協議会、信用保証協会といった公的機関等とも適宜連携することが望まれる。特に、自ら M & A におけるすべての工程をサポートすることが困難な場合には、速やかにほかの支援機関につなぐことが重要である。

　金融機関におけるこうしたほかの支援機関との連携の仕方は、金融機関の M & A 支援体制の構築状況に応じて異なる。たとえば、地域銀行や信用金庫、信用組合は、地域の中小

企業と事業承継・引継ぎ支援センターをつなぐ重要な窓口の1つとなっているが、支援体制の構築状況により、以下のような具体的な取組みが考えられる。

① 支援体制をこれから本格的に整備する場合

M&Aおよび従業員承継案件は事業承継・引継ぎ支援センターに紹介し、顧客と事業承継・引継ぎ支援センターとの面談の際には、当該顧客の同意を得て極力同席する。

また、当該顧客の同意を得た場合には、事業承継・引継ぎ支援センターから情報のフィードバックを受ける。

こうしたことの積み重ねにより経験を蓄積し、M&A支援体制の本格的な整備を目指す。

② 支援体制を構築中の場合

事業承継・引継ぎ支援センターの登録機関等に登録する。また、マッチング支援案件について事業承継・引継ぎ支援センターのデータベース（NNDB）等を活用して対処し、将来的には、自組織内で独自にM&Aおよび従業員承継案件への対応が可能となる体制を目指す。

③ 支援体制を運用中の場合

M&Aおよび従業員承継案件のうち、ビジネスベースで対応することが困難なもの等については、事業承継・引継ぎ支援センター等と連携して対応していく。

(6) 情報管理の徹底

金融機関は、中小企業の財務情報等、多くの機微な情報を保有しているからこそ、情報の管理にはより一層の注意を図る必要があり、銀行法、中小・地域金融機関向けの総合的な監督指針等（以下「法令・指針等」という）に即し、情報管理を徹底する必要がある。具体的には、以下のとおりである。

① 対外的な情報管理の徹底

金融機関は法令・指針等による秘密保持義務を負っており、外部との関係で厳格な情報管理を行っている（ファイア・ウォール）。一方、特に地方の金融機関においては、顧客同士が顔見知りということも多く、仮にノンネームで情報を開示したとしても、売り手側・買い手側が相互に相手を特定できてしまう可能性が高い。売り手側・買い手側それぞれが特定されないように開示情報の内容をよく吟味するとともに、可能であれば、早急に秘密保持契約を締結のうえ、特に売り手側に関する情報が外部に流出・漏えいしないよう、買い手側に注意を促す等、情報管理を徹底することが求められる。

② 対内的な情報管理の徹底

金融機関においては、顧客の利益の保護のための体制（いわゆる利益相反管理体制）と

第4章

して、内部の融資部門と仲介業務・FA業務等を行う部門との間で情報隔離（チャイニーズ・ウォール）を設けることが望ましい。

　金融機関によっては人的資源に限りがあり得るものの、融資先である売り手側のM&Aについて仲介業務・FA業務を行おうとする場合には、当該金融機関が債権者として構造的に売り手側に対し優越的な地位に立ちやすい点に配慮し、両部門間でのM&Aに関する情報共有の範囲・方法等も含め、法令・指針等に即し、適正な利益相反管理体制の整備を行うことが求められる。

(7) 売り手側が事業再生局面にある場合の M&A 支援のあり方

　金融機関は、譲り渡しを希望する融資先の顧客が返済条件緩和・債務減免が行われている等、事業再生局面にある場合には、可能な限り有利な条件での債権回収を行うべく、早期のM&Aの実行を促す動機が構造的に強くなる傾向にある。

　このような局面においてM&A支援を行う場合にも、売り手側の意向をくみながら、売り手側の真意に即したM&A支援を行うことが求められる（なお、仲介者・FAとしてM&A支援を行う場合には、その前提として、このような局面において仲介者・FAとなることについて、利益相反管理体制上での整理が求められる）。

(8) 経営者保証に関するガイドラインの遵守

　金融機関は、M&Aに伴う経営者保証の解除等に関し、「経営者保証に関するガイドライン」および「経営者保証に関するガイドラインの特則」に留意されたい。

❹ 事業承継・引継ぎ支援センター

　事業承継・引継ぎ支援センター（以下、「センター」という。）は、経済産業省の委託を受けた機関（都道府県商工会議所、県の財団等）が実施する事業である。具体的には、M&Aのマッチングおよびマッチング後の支援、従業員承継等に係る支援に加え、親族内承継の事業承継計画策定支援など事業承継に関連した幅広い相談対応を行っている。

　センターは、全国48カ所（全都道府県に各1カ所、ただし東京都は2カ所）に設置されており、地域金融機関OBや、公認会計士・税理士・中小企業診断士・弁護士等の士業等専門家といった、M&Aの知見を有する専門家が常駐している。

(1) 事業者同士の M&A の支援フロー

①　初期相談対応（一次対応）

　本工程は、センターが中小企業からの相談に対応し、支援の方向性を判断するものである。具体的には、M&Aのみならず、親族内承継や従業員承継、廃業等に対する相談を幅広く受け付けており、相談時点において意思決定ができていないものについても対応している。

　センターでは相談者のニーズを把握したうえで、適切な対応策の検討を行っている。センターは、中小企業活性化協議会やよろず支援拠点といったほかの公的機関のほか、士業等専門家を含む民間の支援機関への橋渡しを行っている。

　このため、特にM&Aの意思決定ができていない場合において、センターに相談することはさまざまな選択肢を検討するという観点から有益である。

　また、センターでは、公的な相談窓口として、ほかの仲介者・FAからのアドバイスについてのセカンド・オピニオンを求めることもできるため、既にM&Aの工程が進んでいる場合において、支援を受けている仲介者・FAの対応に疑問が生じた場合等も、相談することが可能である。

②　登録機関等によるM&A支援（二次対応）

　本工程は、一次対応を経て、相談者がM&Aの実行について意思決定した場合に、センターが登録機関等の中で適切な支援ができる者がいると判断した場合に、当該登録機関等への橋渡しを行うものである。

　登録機関等の支援を受ける場合は、登録機関等と仲介契約・FA契約を締結することになるため、手数料が発生するが、登録機関等からよりきめ細やかな支援を受けられることが期待できる。

③　センターによるM&A支援（三次対応）

　本工程は、二次対応において適当な登録機関等が存在しない場合、または、一次対応時点で、特定のマッチング相手が決まっている、もしくは、合意ができている者に対してその後の手続の一部をセンターが直接支援するものである。

　マッチング相手が決まっていない場合は、後述するセンターが保有するデータベースも活用しながら相手探しを実施する。マッチング相手が見つかった場合は士業等専門家の活用を含めた支援を行う。

　具体的には、税務面・法務面に関する士業等専門家への相談や、企業概要書の作成が必要である場合において、センターが外部専門家等を紹介し、これらの者と連携して作成の

支援を行う。外部専門家等の利用は譲り渡し希望者にとって費用負担が生じるものの、税務面・法務面での見解が重要なポイントとなるケースもあるので、必要に応じて外部専門家等を活用することが望ましい。

(2) センターの構築するデータベース

センターでは、相談に来た譲り渡し、譲り受けを希望する事業者および登録機関等が保有する情報等をデータベース化し、マッチングの相手探しを行っている。

データベースは、掲載する事業者の許諾範囲に応じて全国のセンター内のみでの共有または登録機関等への開示も可能としている。なお、掲載にあたっては、個別の事業者が具体的に特定されない範囲でノンネーム情報のみが掲載される。

(3) 親族内承継の事業承継計画策定支援

地域の支援機関、金融機関と連携し、「事業承継診断」等による事業承継の早期・計画的な準備の働きかけを行うとともに、外部専門家と連携して「事業承継計画」策定支援を無料で行う。

(4) 後継者人材バンク

後継者人材バンクは、後継者不在の中小企業（主に個人事業者）と創業希望者（事業を営んでいない個人）とのマッチングを行う支援である。売り手側にとっては事業を存続させることができ、買い手側の創業希望者にとっては売り手側の事業をそのまま引き継ぐことにより、創業に伴うリスクを抑えることができる。

後継者人材バンクではセンターの支援のもと、マッチングからクロージングに至るまでの工程について支援を行っている。

(5) 経営資源の引継ぎ

センターでは、廃業を希望している者の事業または主たる事業用資産等の経営資源の引継ぎについての相談にも対応している。

具体的には、廃業を希望している者に対して、Ｍ＆Ａの提案、マッチングの相手探し、事業の一部譲渡を含む経営資源の引継ぎについての支援を行う。

経営資源の引継ぎに関しては、事業または経営資源について、センターの支援のもと、マッチングからクロージングに至るまでの工程について、支援を行っている。

❺ M&A プラットフォーム

近年、わが国における中小企業のM&Aにおいても、オンラインのM&Aプラットフォームが急速に普及しつつある。ただし、M&Aプラットフォームの市場は比較的新しく、仕組みや留意点等も今後大きく変わり得る点には留意が必要である。

(1) M&A プラットフォームの基本的な特徴

M&Aプラットフォームは、売り手側・買い手側がインターネット上のシステムに登録することで、主にマッチングをはじめとするM&Aの手続を低コストで行うことができる支援ツールである。

特に売り手側については無料で登録できるM&Aプラットフォームが相当数あり、マッチングのために支援機関に相当額の手数料を支払う資力のない小規模な事業者であっても、M&Aの可能性が大きく広がったと評価できる。

また、売り手側、買い手側といった当事者が自ら相手先を探すことができるケースもあり、従前はM&A専門業者しか接触できなかったM&Aの案件情報に直接接触することができるようになるため、よりスピーディな交渉が可能となった。

そのため、近い将来に廃業することを検討している小規模な事業者であっても、廃業以外の選択肢が現実的にあり得るとの認識のもと、M&Aプラットフォームの活用を積極的に検討することが望まれる。

(2) M&A プラットフォーム利用の際の留意点

① 情報の取扱い

ノンネーム情報であったとしてもインターネットの特性上、個者が特定されるリスクを踏まえ、自社の情報をどの程度まで開示対象とするか慎重に検討しておく必要がある。

また、M&Aプラットフォームごとに、情報を開示する相手方が異なることも注意が必要である。たとえば、法人・個人問わず閲覧・掲載が可能なM&Aプラットフォームもあれば、法人のみに限ったM&Aプラットフォームもある。

どの程度の情報をどこまでの範囲で開示するのか、自身のニーズに照らし合わせて検討することが望ましい。

万が一、一度でもインターネット上に情報が流出してしまうと、それを完全にインターネット上から消去することは困難であるため、ある程度は公開されても受忍できる程度の

情報しか掲載しないといった慎重な姿勢が望まれる。この点は、インターネット上でオープンに公開されていない、閉じられた（クローズドな）Ｍ＆Ａプラットフォームであったとしても同様である。

②　利用するＭ＆Ａプラットフォームの選択

Ｍ＆Ａプラットフォームにはそれぞれ特徴があるため、どのＭ＆Ａプラットフォームを使うべきかについても検討が必要である。

前述の情報の開示範囲について、法人・個人問わず閲覧・掲載が可能なＭ＆Ａプラットフォームであれば、マッチングの可能性を広げることができるというメリットがある。一方、法人のみに限ったＭ＆Ａプラットフォームであれば、法人の情報が登記情報等により比較的取得しやすいことからＭ＆Ａプラットフォームの安全性を一層高めることができるというメリットがあると想定される。特に、情報開示先となる買い手側をどの程度まで制限するかは、重要なポイントである。

また、仕組みもＭ＆Ａプラットフォームによって違いがある。たとえば、売り手側・買い手側双方から交渉を始められるＭ＆Ａプラットフォームもあれば、売り手側からしか交渉を始められないＭ＆Ａプラットフォームもある。ほかにも、当事者が直接登録・交渉できるＭ＆Ａプラットフォームもあれば、ＦＡを介してのみ登録・交渉が可能なＭ＆Ａプラットフォームもある。したがって、各社の仕組みを理解したうえで活用することが重要である。真に極秘で進めたい案件は、Ｍ＆Ａプラットフォームには向いておらず、仲介者・ＦＡとの使い分けが必要になる。

さらに、一部のＭ＆Ａプラットフォームは、仲介者・ＦＡや士業等専門家の紹介やＩＴを活用したＭ＆Ａの手続の支援を行っているが、Ｍ＆Ａプラットフォームはあくまで売り手側・買い手側のマッチングまでにとどまることが一般的である。マッチング後の基本合意・最終契約締結や、これに関する条件交渉等の具体的な手続は、原則として、売り手側・買い手側の当事者が行うことになる。しかしながら、中小企業のＭ＆Ａにおいて、各当事者はＭ＆Ａに関する知見を有していないことが多いことから、事業承継・引継ぎ支援センターや士業等専門家等の支援機関による支援を受けながら手続を進めていくことが望ましい。

(3) Ｍ＆Ａ プラットフォームの手数料

①　料金体系

現在、売り手側について、Ｍ＆Ａプラットフォームを利用したマッチングに際し、一切の手数料が発生しないケースが多い。しかしながら、今後、Ｍ＆Ａプラットフォーム市場

がより発展することにより、売り手側の件数が増えてくれば、売り手側においても手数料が発生するケースも増えてくる可能性はある。

　一方、買い手側については、マッチング後のクロージング時点で成功報酬が発生する形（いわゆる完全成功報酬型）が多い。この場合、着手金・月額報酬・中間金等は発生しないケースが多い。買い手側における手数料は、譲渡額等の数％程度とされることが多い（最低手数料を設けるところもあれば、設けないところもある）。

　なお、売り手側・買い手側とも、M&Aプラットフォームの利用とは別に、特にマッチング後の手続において、仲介者・FA や士業等専門家への依頼も行う場合には、これらについての手数料・報酬が別途、必要となる。

② **具体例**

　以下では、仮に、M&Aプラットフォームを利用してM&Aのマッチングを行った場合に支払うことになる手数料について、具体的な事例を示す。なお、消費税および地方消費税は合計10％と仮定する。

● 事例

　M&Aプラットフォームを利用してマッチングを試みたところ、譲渡額2,000万円の株式譲渡が成立したケース
  - 売り手側：手数料なし
  - 買い手側：成功報酬 3 ％（基準：譲渡額、最低手数料：30万円（税抜））
  ※マッチング後の手続について、M&A専門業者や士業等専門家からも支援を受ける場合には、これらについての手数料・報酬も別途発生する。

● 手数料
  - 成功報酬：2,000万円× 3 ％×110％＝66万円（税込）
  ⇒手数料総額：66万円（税込）

---

⑥ M&A 登録支援機関

　2021年 4 月28日、中小企業庁は中小企業を当事者とするM&Aを推進するため今後 5 年間に実施すべき官民の取組みを「中小M&A推進計画」として取りまとめた。

　中小M&A推進計画では中小企業におけるM&A支援機関に対する信頼感醸成の必要性

が課題の1つとして掲げられ、対応への方向性として、以下の2つを示した。

- 事業承継・引継ぎ補助金（専門家活用型）において、M&A支援機関の登録制度を創設し、M&A支援機関の活用に係る費用の補助については、あらかじめ登録された機関の提供する支援に係るもののみを補助対象とすること
- 登録したM&A支援機関による支援をめぐる問題等を抱える中小企業等からの情報提供を受け付ける窓口も創設すること

　M&A支援機関に係る登録制度の実施を通じて、M&Aの基本的な事項および手数料の目安や適切なM&Aのための行動指針を提示した「中小M&Aガイドライン」の理解および普及を促し、中小企業が培ってきた貴重な経営資源を将来につないでいこうとする際、より一層円滑に、かつ、安心してM&Aを手段の1つとして選択できる環境の実現を目指している。

(1) 中小 M&A 支援機関（登録 FA・仲介業者）とは

　中小M&Aガイドラインにおける「支援機関」のうち、中小企業に対してFA業務または仲介業務を行う者が該当する。なお、FA業務または仲介業務を専業で行う者に限らず、たとえば仲介業務を行う金融機関等も対象になる。反対に、FA業務および仲介業務を行わず、たとえばDD業務のみを行う士業等専門家などは対象とならない。

(2) 公表

　登録されたFA・仲介業者について、基本的な情報を中小企業庁のホームページにおいて公表される。また、M&A支援機関登録事務局のホームページにおいて登録機関データベースとして、登録FA・仲介業者の情報を提供している。

　なお、登録FA・仲介業者は中小M&Aガイドラインを遵守していることについての宣言を自社のホームページで掲載することが義務付けられている。

❼ アフター M&A

(1) PMI

　PMIとは、主にM&A成立後に行われる統合に向けた作業であり、M&Aの目的を実現させ、統合の効果を最大化するために必要なものである。Post Merger Integration の頭

文字をとり、「PMI」と呼ばれる。

　M&Aの「成功」は、その成立でなく、M&Aの目的として当初に期待された効果を実現できるかどうかによる。比較的実績が蓄積されている大企業のM&Aでは、PMIの取組みが最重要ともいわれている。

　PMIの取組みは、「経営統合」、「信頼関係構築」、「業務統合」の3つの領域に分類される。PMIは「Post（後）」の字を冠するため、M&A後のみに実施検討すべき取組みと誤解されがちであるが、M&Aの目的の明確化や譲受側の現状把握等を含め、M&Aの成立前から準備する必要がある。

(2) なぜ PMI が必要となるのか

　買い手側は、期待するシナジー効果等の発現、円滑な組織融合を行えるかどうかを心配する声が多い。これらはM&Aプロセスにおいても DD 等によって一定程度解決可能であるが、得られる情報等が限られているM&Aプロセスだけですべてを解決することはできない。このため、M&A後の PMI を通じた円滑な統合が重要となる。なお、売り手側は、M&A後の従業員の雇用、事業の将来性、取引先との関係維持を重視する声が多いが、これらについても PMI の取組みが大きな影響を与える〔図表 4 − 9〕。

　M&A実施後の総合的な満足度について「期待を下回っている」と回答した企業は、その理由として「相乗効果が出なかった」、「相手先の経営・組織体制が脆弱だった」、「相手先の従業員に不満があった」等を挙げている。これらはM&A後の統合作業にもかかわるものであるため、PMI の取組みを成功させることは、M&Aの当初の期待を満たし、M&Aそのものを「成功」とし得るかどうかに大きく影響する〔図表 4 −10〕。

　M&Aの成果を感じている買い手側ほど、早期から PMI を視野に入れた検討に着手している傾向が見て取れる。M&Aについて「期待を上回る成果が得られている」、「ほぼ期待どおりの成果が得られている」と回答した企業の約6割が、PMI の検討を、「基本合意締結前」または「DD 実施期間中」に開始している。M&Aの成功には、PMI についてM&Aプロセスの早い段階から検討を開始し、取り組むことが望ましい〔図表 4 −11〕。

(3) 中小企業の M&A における PMI の全体像

① PMI プロセスの位置付け

　一般的に、PMI では、M&A成立後初日（DAY.1と呼ばれる）から一定期間に集中的に行われる統合作業を指すことが多い。

　しかし、M&A成立後に円滑に PMI プロセスへ移行するためには、M&A成立前から

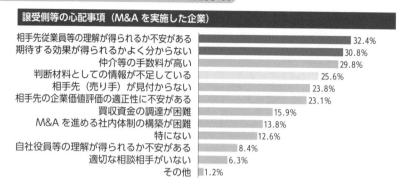

〔図表4－9〕中小M＆Aにおける心配・重視事項

譲受側等の心配事項（M&Aを実施した企業）

項目	割合
相手先従業員等の理解が得られるか不安がある	32.4%
期待する効果が得られるかよく分からない	30.8%
仲介等の手数料が高い	29.8%
判断材料としての情報が不足している	25.6%
相手先（売り手）が見付からない	23.8%
相手先の企業価値評価の適正性に不安がある	23.1%
買収資金の調達が困難	15.9%
M&Aを進める社内体制の構築が困難	13.8%
特にない	12.6%
自社役員等の理解が得られるか不安がある	8.4%
適切な相談相手がいない	6.3%
その他	1.2%

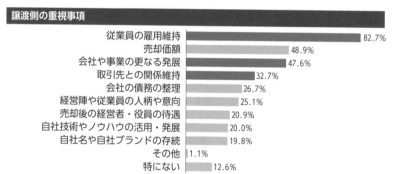

譲渡側の重視事項

項目	割合
従業員の雇用維持	82.7%
売却価額	48.9%
会社や事業の更なる発展	47.6%
取引先との関係維持	32.7%
会社の債務の整理	26.7%
経営陣や従業員の人柄や意向	25.1%
売却後の経営者・役員の待遇	20.9%
自社技術やノウハウの活用・発展	20.0%
自社名や自社ブランドの存続	19.8%
その他	1.1%
特にない	12.6%

（※）複数回答のため、合計は必ずしも100％にならない。
出所：「中小PMIガイドライン」中小企業庁

PMIに向けた準備を進めることが重要になる。

　また、中小企業のM＆AにおけるPMIは、財務的な成果を早期に実現することよりも、統合によって事業の継続や、中長期にわたる持続的な成長を目的として数年単位で継続的に取り組むべき活動である〔図表4－12〕。

② **PMIのステップ**

　M＆Aの検討段階からPMIにおける取組みを意識した準備を進めることで、よいスタートを切ることがM＆A成功に向けたカギとなる〔図表4－13〕。

③ **M＆A初期検討**

　「そもそもM＆Aで何を目指すのか、どのような姿になっていたいのか」を言語化し、その目的の実現に向けて期待されるシナジー効果を得られるのか、M＆A戦略を策定し、

〔図表 4 −10〕中小M&Aの満足度と期待を下回った理由

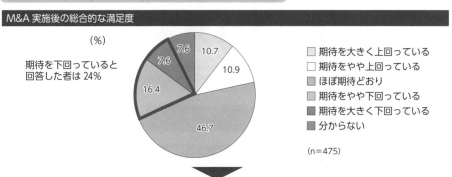

M&A 実施後の総合的な満足度

(%)

期待を下回っていると
回答した者は24%

7.6　10.7
7.6　10.9
16.4
46.7

□ 期待を大きく上回っている
□ 期待をやや上回っている
■ ほぼ期待どおり
■ 期待をやや下回っている
■ 期待を大きく下回っている
■ 分からない

(n=475)

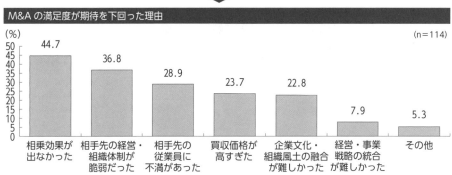

M&A の満足度が期待を下回った理由

(%)　　　　　　　　　　　　　　　　　　　　　　(n=114)

相乗効果が出なかった	相手先の経営・組織体制が脆弱だった	相手先の従業員に不満があった	買収価格が高すぎた	企業文化・組織風土の融合が難しかった	経営・事業戦略の統合が難しかった	その他
44.7	36.8	28.9	23.7	22.8	7.9	5.3

（※）　1．複数回実施している者については、直近のM＆Aについて回答している。
　　　 2．複数回答のため、合計は必ずしも100％にならない。
出所：「中小 PMI ガイドライン」中小企業庁

精査しておくことが重要である。

　M＆A、PMI プロセスを進めるなかで、買い手側・売り手側はさまざまな問題や課題に直面する。

　困難に直面した際に、常に立ち返るべき原点を明確にしておくことは、M＆Aを成功に導くために重要である。

　また、「何を実現できれば、M＆Aが成功したと言えるのか」を明確化しておくことも重要である。M＆Aにおける成功を定義することによって、定期的な振り返りを通じた取組みの評価や軌道修正が可能になる。

④ "プレ" PMI

　M＆A成立後に PMI プロセスを円滑にスタートするためには、M＆A成立前の段階からM＆Aの目的の実現に必要となる PMI における取組みを意識し、DD 等の調査を通じて売

〔図表 4 −11〕 PMI の検討開始時期とM＆A効果 / シナジー実現との相関性

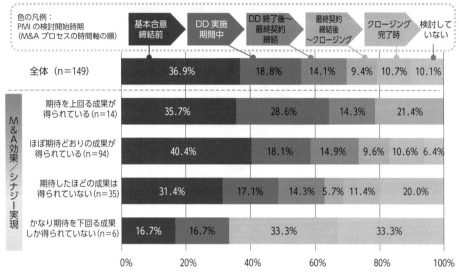

出所：「中小 PMI ガイドライン」中小企業庁

〔図表 4 −12〕 PMI プロセスの位置付け

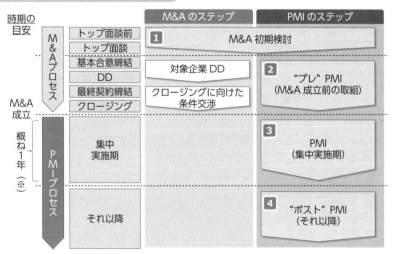

（※）特に、PMI 推進体制の確立、関係者との信頼関係の構築、M&A 成立後の現状把握等は、100 日までを
　　目途に集中的に実施。

出所：「中小 PMI ガイドライン」中小企業庁

〔図表 4 -13〕 PMI のステップ

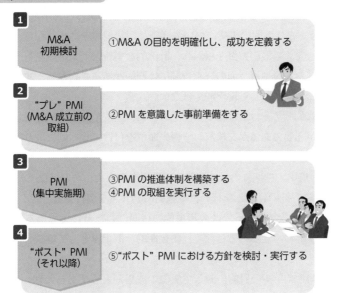

出所：「中小 PMI ガイドライン」中小企業庁

り手側に関する情報を可能な限り取得しておくことが重要である。

　一方で、DD は、主に書面で情報を確認することが中心となるため、売り手側の事業の
すべてを把握することはできない。クロージング後、現場に入り、面談等で直接従業員か
ら聞いて初めてわかることも少なくない。

　クロージング前においては、何が把握できていないか、把握するためにはクロージング
後にどのような対応が必要かを想定し、「M＆A成立後の集中実施期に何をするか」をあ
らかじめ計画しておくことが重要である。

⑤　**PMI**

　中小企業のM＆Aでは、買い手側・売り手側ともに人員に余裕がない状況で、通常業務
に加えて PMI の取組みを実施することになる。

　そうしたなかで PMI プロセスを円滑に進めるためには、PMI 推進に求められる役割を
整理し、買い手側・売り手側の適切な人材で役割分担しながら進める必要がある。

　また、PMI における検討事項は多岐にわたるため、自社の人材だけでは専門的な知見
等が不足することが想定される。必要に応じて支援機関の支援を得るなど、外部リソース
の活用も検討することが望ましい。

M & A 直後は売り手側の経営や事業が不安定な状況となることから、事業の円滑な継続、さらには発展のためには、できるだけ速やかに PMI に取り組むことが重要である。

M & A 成立後は、売り手側の事業について詳細な現状把握を進めながら、新たに把握した課題への対応も含めて取組方針を検討し、計画的な実行と効果検証を行う必要がある。

一方、中小企業の人員や資金面の経営資源には制約があることから、すべての課題やリスクに対応することは必ずしも現実的ではない。

このため、M & A 成立後おおむね 1 年間をめどに、M & A の目的を実現するために、どの事項への対応が必要であるかを検討し、優先順位を付けて集中的に取り組む。

⑥ "ポスト"PMI

M & A 成立後の集中実施期における取組みの結果を踏まえ、次の目標（次期会計年度等）に向けて PMI 取組方針の見直しを行い、継続的に PDCA を実行する。

PMI プロセスは、場合によっては数年単位の長期にわたることもある。集中実施期だけの取組みとして終わらせるのではなく、中長期的な取組みとして継続していくことが重要である。

そのうえで、M & A 当初の目的に対して実際の成果がどうであったか、M & A の目的を達成する見通しはどうか等、これまでの取組みを振り返り評価を行うことは重要である。

また、M & A の目的や PMI の進行状況等に応じて、買い手側・売り手側のさらなる統合を行うなど、グループ組織体制の見直しも必要に応じて検討していく。

(4) PMI 推進体制

中小企業同士の PMI においては、買い手側・売り手側ともに人員に余裕がないことが多いため、買い手側の経営者や役員等が、重要意思決定や PMI の企画・推進等の複数の役割を兼任することが一般的である。実務作業は、買い手側・売り手側の役職員から協力を得ながら推進することが多い。

① 小規模案件において想定される推進体制

小規模案件では、買い手側・売り手側ともに特に人員に余裕がないことが多く、基本的に買い手側経営者がほぼすべての PMI の取組みに対応せざるを得ないため、売り手側の PMI と買い手側の経営等の両立がポイントとなる。

そのため、社内外の関係者から必要な協力を得ることができるよう信頼関係を構築することが重要である。具体的には以下のような取組みが考えられる。

- 買い手側経営者をサポートする人材として、買い手側から信頼できる従業員を派遣する

●売り手側から信頼できる従業員を選任する

② 中規模・大規模案件において想定される推進体制

中規模・大規模案件における PMI の取組みは、小規模案件と比べて広範囲かつ複雑になることから、買い手側経営者が複数の役割を兼任することは容易ではない。

一方で、中規模以上の中小企業は、大企業と比べれば人員や資金面での経営資源に制約はあるものの、買い手側・売り手側ともに一定数以上の役職員を抱えていることが多い。

このため、a．重要意思決定、b．企画・推進、c．実務作業を分担して効率的に行うことが重要である。

a．重要意思決定

買い手側経営者を中心に PMI に関する重要な意思決定を行う。買い手側の人員の状況等に応じて、買い手側のほかの役員等（買い手側から売り手側に派遣する役員等を含む）についても、意思決定に関与させることも検討する。

また、買い手側の経営者や役員等だけで PMI に関する重要な意思決定を行う場合、売り手側の役職員の納得感や理解を得られず、PMI を円滑に行えないおそれ等もあるため、買い手側・売り手側の関係性等に応じて、売り手側の先代経営者や役員等も意思決定に関与させることを検討することが望ましい。

b．企画・推進

PMI に関する重要な意思決定を円滑に行い、かつ PMI に関する実務作業を確実に行えるよう、重要意思決定を担う者と実務作業を担う者との間で PMI の企画・推進等を行う役職員を配置する。

なお、買い手側において人員が不足している場合には、企画・推進等を行う役職員を通常業務と兼任させることもあり得る。さらに、買い手側経営者が、売り手側の各部門長や現場担当者等の実務作業を担う者と直接やり取りを行ったり、実務作業を担う者から定期的に進捗状況の報告を受けて必要な作業方針を指示する会議体を設置したりすることで、企画・推進等の役割を省略することもあり得る。

c．実務作業

業務領域の各機能（事業機能、管理機能）において、PMI に関する具体的な実務作業を行う役職員を配置する。さらに、買い手側の部門長や現場担当者等を売り手側の当該部門に派遣（転籍を含む）することもあり得る。

その際、少なくとも重点的に取り組む必要があると判断される機能については、売り手側と買い手側とが協力して PMI に取り組むチーム（分科会）を設置することが望ましい。

第4章

③ 支援機関の役割

中小企業の多くはM&AやPMIに不慣れであり、M&AやPMIに関する知見や経験が乏しい。このため、必要に応じて中小企業のM&AやPMIに精通した支援機関に相談しながら取組みを進めることが望ましい。

具体的には、「経営力再構築伴走支援モデル」も参考にしながら、おおむね以下のとおり、支援機関による支援が行われることが期待される。

			想定される主な支援機関
	経営統合		中小企業診断士、経営コンサルタント　等
業務統合		事業機能	中小企業診断士、経営コンサルタント　等
	管理機能	人事・労務分野	社会保険労務士・弁護士　等
		会計・財務分野	公認会計士、税理士　等
		法務分野	弁護士、司法書士　等
		ITシステム分野	ITベンダー、スマートSMEサポーター　等

(5) 経営統合

何のためにM&Aを実行するのか、経営の方向性を言語化して社内外の関係者に説明することが求められる。具体的には、M&Aを通じて自らが達成したいことを、経営の方向性（目的、目標、行動基準等）として言語化し、説明できるようにする。また、経営の方向性を伝えることで、社内外の関係者に対して安心感を醸成し、信頼関係を構築するための礎とする。

経営統合に失敗した具体例は以下のとおりである。

- 経営の方向性を明確に定めていなかった結果、M&A成立後、従業員の不安が募り、離職の温床となった。
- 買い手側が提示した経営の方向性が、売り手側のこれまでを否定するような内容となっており、売り手側の経営者と従業員からの信頼を失う結果となった。

また、経営統合に取り組む際のポイントは以下のとおりである。

- M&A後の売り手側の新たな経営の方向性を検討、言語化する。
- これまでの経営の方向性を把握し、新たな経営の方向性との差異を特定する。
- これまでの経営の方向性との差異が社内外の関係者に与える影響をできるだけ緩和するよう対策を講じ、新たな経営の方向性を説明する。さらに必要に応じて、新たな経営の方向性の修正も行う。

(6) 信頼関係構築

① 売り手側経営者への対応

売り手側経営者について、M&A 成立後における関係性や、引継ぎにおける役割等を、M&A 成立前に明確にする。具体的には、売り手側経営者との間で協力関係を構築する。また、売り手側経営者が残る場合、売り手側経営者の役割や在籍期間等を明確化する。

売り手側経営者への対応を誤った具体例は以下のとおりである。

- 買い手側経営者が、売り手側またはその事業の過去の取組みや業績に対して、否定的な発言をしたり、否定的な態度を示してしまったりしたことで、売り手側経営者との関係が悪化し、十分な協力が得られなかった。
- 買い手側経営者が、M&A 成立後に売り手側の既存取引先について見直しを行う予定であることを売り手側経営者に伝えていなかったところ、売り手側経営者にとって思い入れの強い取引先も見直しの対象に含まれていたために衝突が生じ、M&A 後の協力関係に軋轢を生む結果となった。
- 売り手側経営者について、M&A 後の引継ぎのための在籍期間を事前に定めていなかったため、長期にわたって売り手側経営者の影響力が残り、進めようとしていた改革の抵抗勢力となった。

また、売り手側経営者への対応のポイントは以下のとおりである。

- 売り手側や売り手側経営者へ敬意をもって接する。同時に、買い手側の考えを売り手側経営者に率直に伝える。
- 売り手側経営者が残る場合、売り手側経営者の役割や在籍期間等について M&A 成立前におおむね合意しておく。

② 売り手側従業員への対応

M&A の事実に対して売り手側従業員が抱く不安や不信感を払拭し、納得感や共感を得て協力を得られる関係性を構築する。具体的には、M&A による変化に起因する自身への影響等について、売り手側従業員が抱く不安や不信感を払拭する。また、M&A について売り手側従業員の納得感や共感を得て、売り手側従業員の協力を得る。

売り手側従業員への対応を誤った具体例は以下のとおりである。

- 売り手側従業員への説明前に、売り手側従業員に M&A に関する噂が広まり、多くの売り手側従業員が、会社の将来、自身の処遇や雇用、日常業務等が M&A によって大きく変化すると考えて不安感を募らせ、離職した。
- 多くの売り手側従業員が、M&A の目的やメリット等を理解できず、M&A に伴う従

来業務の変更による負担増や不便さ等だけを感じ、モチベーションを低下させて作業効率が低下した。

- M&A直後から買い手側の「当たり前」を売り手側に次々に導入した結果、売り手側従業員から協力を得られず、事業の成長はおろか、今までの事業の運営すらも困難となった。

また、売り手側従業員への対応のポイントは以下のとおりである。

- M&Aに関する情報（M&Aの目的や経緯、買い手側に関する情報等）を、「遅滞なく」、「すべての売り手側従業員に対して」、「同時に / 等しく / 正確に」伝える。

- ただし、売り手側従業員の中でも特に業務やほかの従業員への影響力を大きく持つ人材（いわゆる、キーパーソン）に対しては、ほかの従業員に先行してM&Aに関する情報を伝え、M&Aプロセス全般にわたって意見を聞くなど、密にコミュニケーションをとり協力を得られるよう合意しておく。

- 一人一人の売り手側従業員が感じている不安や不信感をできるだけ具体的に把握する。そのうえで、売り手側従業員の個々の不安や不信感を払拭し、さらに納得感や共感を得られるよう、丁寧な説明を行う。

- 売り手側の業務等について変更や改善が必要になる場合においても、売り手側従業員の従来の業務やそのやり方を否定せず、相手を尊重する。

③ 取引先への対応

売り手側の取引先との関係性を継続するため、M&Aの事実を伝える時期や方法等について慎重に検討を行ったうえで意思疎通する。具体的には、売り手側が行っている取引（特に事業継続に重要な取引）について、取引先の信頼を得て取引を継続する。また、継続する取引について、取引条件等を正確に把握する。

取引先への対応を誤った具体例は以下のとおりである。

- 主要取引先に対してM&A成立前の事前説明や相談を怠ったことにより、複数の主要取引先の不信感を招き、取引を縮小されたり、取引を停止されたりした。

- 売り手側経営者が売り手側を経営しているからこそ取引してもらっていた取引先について、M&A成立後に少しずつ疎遠になり、半年後取引を停止された。

- 取引先別の損益で赤字となっている取引先について、その取引条件を改善しようとしたが、過去の交渉状況や口頭での約束等、これまでの経緯を売り手側経営者から聞いていなかったため、交渉が難航した。

また、取引先への対応のポイントは以下のとおりである。

- 売り手側が行っている取引について、売り手側経営者から正確に引き継ぐ。

- 売り手側の取引先へのM＆Aに関する説明や挨拶は、秘密保持等には留意しつつ、取引先の重要度や関係性等に応じて速やかに行う。
- 特に主要取引先の引継ぎにおいては、取引条件や取引経緯等の把握のため、主要取引先と最も強い関係性を持つ売り手側の人物（売り手側経営者等）からの協力を得る。

④ 取引先以外の外部関係者への対応

　地域において長年経営を続けてきた中小企業には、取引先以外にも多様なステークホルダー（関係者）が存在することを理解する。主なステークホルダーは、協力業者（外注先、人材派遣会社等）、金融機関、（事業用不動産が賃借の場合）賃貸人、各種組合や業界団体、許認可等の所轄官庁などである。

　事業を継続するうえで特に関係性の維持・継続が必要な先について、売り手側の経営者や従業員へのヒアリング等を通じて把握する。ステークホルダーに対しては、個別の関係性等を踏まえて適切な対応を行う。対応にあたっては、売り手側の経営者や従業員に相談し、関係構築への協力を得るとともに、必要に応じて支援機関に相談する。

(7) 業務統合

　業務統合は、引き継いだ事業を安定的に運営するとともに、改善すべき点を改善する。業務統合に失敗した具体例は以下のとおりである。

- 営業や生産等に関する意思決定のすべてについて、売り手側経営者の承認が必要であったところ、売り手側経営者が退任した後に現場での判断ができずに業務が停滞してしまった。
- 資金管理業務を一手に担っていた売り手側経営者の配偶者がM＆A成立後に退職してしまったため、取引先に対して、重要な支払が滞留して、多大な迷惑をかけてしまった。
- M＆A成立後に売り手側が事業を行ううえで必要な許認可の要件を満たしていないことが判明し、事業の継続そのものが困難となった。
- 売り手側従業員が日常的にどのような業務を行っていたか、だれがどのような取引先の対応をしていたかを十分に把握していなかったところ、一部の従業員の退職に伴い、重要な技術・ノウハウや取引先を喪失した。

また、業務統合のポイントは以下のとおりである。

- できるだけ広範かつ詳細に売り手側の業務運営について現状を把握する。
  その際、以下の点に留意する。
  ・M＆A成立前のDDでは検知できないことがあること

第4章

- ・売り手側の経営者や一部の従業員のみに属人化している業務があること。その場合は、当該経営者や従業員へのヒアリング等を通じて現状を把握せざるを得ないが、当該経営者や従業員は取決め等についての記憶があいまいであることや、さらに不利な取引等を行っていたことが発覚すること等をおそれて意図的に引継ぎを行わないことがあること
- ・業務に関する規程や帳票等が存在しないことや、存在していても実態と乖離していることがあること

● 改善すべき点について、優先順位を付けて順次対応する。このうち、特に重要なもの（法的リスク、事業停止リスクが高いもの）については、売り手側経営者や支援機関の協力を得て速やかに対応する。

第5章

廃業

① 廃業

(1) 廃業とは

廃業とは、一般的に経営者が自主的に事業を停止させることをいう。廃業では法人格や屋号が消滅する。

似たような言葉に休業や解散という言葉がある。休業とは、いずれ事業を再開することを前提として事業を一時的に停止させることである。ただし、場合によってはそのまま廃業になることもある。

また、解散とは、企業の法人格を消滅させるために必要な清算手続に移行するための手続である。企業は解散をした場合には解散登記、清算結了を行わなければならない。

なお、債務を完済できない場合は、自己都合で簡単に廃業できない。そのため、債権者に債務の減免を求める種々のスキームがある。裁判所の手続を利用する法的整理とそれ以外の私的整理に分けられ、主なものは以下のとおりである。

法的整理	破産、特別清算、民事再生
私的整理	特定調停、中小企業活性化協議会、REVIC の特定支援

① 廃業

企業が負担する債務を減免する必要がない場合には、解散・清算を行うことができる。解散・清算の手続の概要は以下のとおりである。

a．解散の準備

取引先との関係や在庫の状況、資産・負債の状況などを考慮しておおまかな営業終了日を決める。

b．解散の決議、解散・清算人の登記

株主総会決議（特別決議）で解散決議を行う。また、解散決議とともに清算に関する業務を行う清算人を選出するが、基本的には社長が清算人になるケースが多い。株主総会決議日から2週間以内に解散の登記・清算人選任の登記を行う。

c．行政への届出

国税に関し税務署へ事業廃止届出書を、地方税に関し所轄県税事務所・市区町村役場へ事業所廃止の申告書を提出する。

また、社会保険について所轄年金事務所へ健康保険・厚生年金保険の適用事業所全喪届

を、雇用保険について所轄ハローワークに雇用保険適用事業所廃止届・雇用保険被保険者資格喪失届・離職証明書を提出する。

d．確定申告

国税や地方税について解散に伴う確定申告を行う。

e．解散公告・各別の催告

官報において、債権者に対して一定の期間内（2カ月以上）にその債権を申し出るべき旨を公告するとともに、知れたる債権者に各別に催告をする。この期間内には、債務の弁済をすることができないとされているので、留意が必要である。

f．清算手続

清算人は、就任後速やかに財産目録と貸借対照表を作成して、株主総会の承認を受ける。その後、財産の換価処分を行う一方、残債務があれば弁済を行い、残余財産があれば株主に分配する。この間、清算事業年度の確定申告を行う。

g．清算結了

清算事務が終了した時は、遅滞なく、決算報告を作成し株主総会の承認を受け、2週間以内に清算結了登記を行う。また、残余財産確定に伴う確定申告も必要となる。

②　破産

破産は、すべての債務を弁済する見込みのない債務者について、全財産を換価して、債権者に公平に弁済するための破産法に基づく手続である。裁判所に破産手続開始の申立てを行い、裁判所において破産手続開始決定がなされ、同時に破産管財人が選任される。

破産管財人により、破産財団に属する財産の換価処分が行われ、破産債権の調査がなされ、破産債権の確定がなされる。配当原資が確保できた場合には、破産管財人において配当を行う。この後、裁判所において破産手続終結の決定がなされる。

③　特別清算

特別清算手続は、通常の清算手続を行っている株式会社について、清算の遂行に著しい支障を来すべき事情または債務超過の疑いがある場合に、利害関係人の申立てにより開始される会社法に基づく特別な清算手続である。

原則として破産管財人のような第三者が選任されることなく、株式会社自身が、裁判所の監督のもとに、債権者集会を通じた協定により（協定型）、または個別の和解により（和解型）、債権放棄等の権利変更を受けることとなる。

④　民事再生

民事再生手続は、経済的窮境にある債務者企業等の事業を再生させるための民事再生法に基づく手続である。民事再生手続においては、通常は管財人が選任されず、裁判所の選

任する監督委員の監督のもとに、従来の経営陣によって事業の運営と再生手続が進められていく。

　なお、再建型の法的整理手続ではあるが、清算型の再生計画も許容されており、従来の経営陣による事業運営を継続しながら企業をソフトランディングにて廃業する場合にも活用される。

⑤　**特定調停（廃業支援型）**

　2017年1月に公表された日本弁護士会連合会による「事業者の廃業・清算を支援する手法としての特定調停スキーム利用の手引き」に依拠して、特定債務等の調整の促進のための特定調停に関する法律に基づき、主に金融機関からの金融債務について債権放棄等の権利変更を受ける手続である。

⑥　**中小企業活性化協議会の再チャレンジ支援**

　中小企業活性化協議会では、窓口相談時、再生計画策定支援の終了時またはモニタリング期間中の、いずれの場合においても、事業の再生がきわめて困難であると判断した場合、相談企業にその旨を伝え、相談企業が清算を選択した場合、経営者について「経営者保証に関するガイドライン」に基づく保証債務の整理を支援したり、法的整理に寄らない会社清算を実施したりする場合には弁護士とともに金融機関との調整をサポートする。

⑦　**REVIC（株式会社地域経済活性化支援機構）の特定支援**

　REVICの特定支援とは、REVICが、過大な債務を負っている事業者に係る金融機関の経営者保証の付された債権を買い取るなどして債務整理を行うと同時に、代表者等保証人の保証債務について経営者保証ガイドラインに沿って一体整理を行うものであり、事業の継続が困難な事業者を円滑に整理し、経営者の再チャレンジを通じた地域経済の活性化を図る制度である。

　したがって、円滑な廃業手続を行うためには、資産超過のうちに金融機関や取引先、従業員に金銭的な迷惑を掛けずに事業を停止することが何よりも大事である。

(2) 廃業の現状

　休廃業・解散件数とわが国企業の経営者平均年齢の推移をみると、経営者の平均年齢の上昇とともに、休廃業・解散件数も増加している。団塊の世代が後期高齢者となる2025年以降は、さらに休廃業・解散件数が増加するものと見込まれる〔図表5-1〕。

　次に、休廃業・解散した企業のうち、直前期の業績データが判明している企業について集計すると、2014年以降一貫して約6割の企業は当期純利益が黒字であることがわかる〔図表5-2〕。

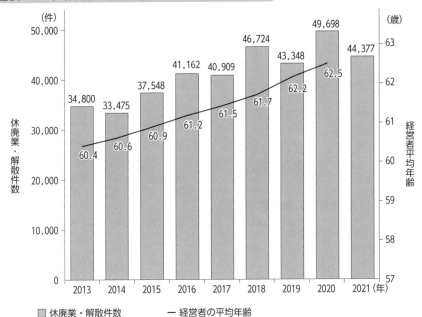

〔図表 5 - 1〕 休廃業・解散件数と経営者平均年数の推移

(注) 経営者の平均年齢は2020年までを集計している。
出所：中小企業庁ホームページ

さらに、休廃業・解散企業の売上高当期純利益率を見ると、2018年から2020年にかけて利益率が 5 ％以上の企業が 4 分の 1 程度となっており、業績不振企業だけでなく、高利益率企業の廃業が一定数発生していることがわかる〔図表 5 - 3〕。

ただし、当期純利益のみで業績を推し量ることはむずかしく、廃業に至る企業の決算書をみると、役員報酬が一般的な会社員よりも低い水準だったり、土地や建物は個人所有で地代家賃が発生していなかったりすることもあり、そのような要因で黒字化できている場合もある。高齢の経営者は事業での収入以外に年金収入があったり、住宅ローンを負っていなかったり、子育てが一段落していたり、と若者世代とは前提条件が大きく異なる。したがって、若者が経営者として魅力的に感じる年収水準で役員報酬を取り、周辺の相場並みの地代家賃を支払ってでも黒字化が見通せるか否かが重要である。

一方、廃業予定企業へのアンケート調査によると、約 3 割の企業が後継者不足により廃業を考えていることがわかる〔図表 5 - 4〕。

〔図表 5 − 2〕休廃業・解散企業の損益別構成比

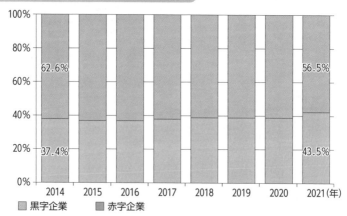

（※）損益は休廃業・解散する直前期の決算の当期純利益に基づいている。なお、ここでいう直前期の決算は休廃業・解散か
　　ら最大 2 年の実績データを遡り、最新のものを採用している。
出所：中小企業庁ホームページ

〔図表 5 − 3〕休廃業・解散企業の売上高当期純利益率

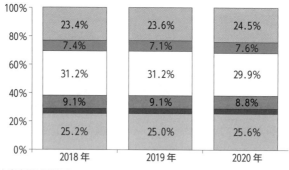

出所：中小企業庁ホームページ

〔図表 5 － 4〕 廃業理由（廃業予定企業）

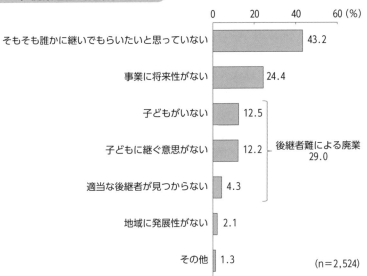

出所：「中小企業の事業承継に関するインターネット調査（2019年調査）」日本政策金融公庫　総合研究所

　事業を継続する意向のない経営者も多くいることには留意する必要があるが、一定程度の業績を上げながら休廃業・解散に至る企業の貴重な経営資源を散逸させないためには、意欲ある次世代の経営者や第三者などに事業を引き継ぐ取組みが重要である。

❷ FP として廃業へのかかわり方

(1) 廃業を決めてしまう前に M&A を本気で検討してもらう ──

　廃業の理由としてよく挙げられるのは、「体力・気力の衰え」「自身の健康上の理由」「高齢」といった経営者の事情と「売上の低迷」などである。つまり、これらの事象が発生した際に、後継者のいない経営者の頭の中に「廃業」が思い浮かぶのである。

　FP としては、中小企業の「後継者の有無」「経営者の年齢」「経営者の心身の健康状態」「業績」等を考慮しながら、中小企業の今後を一緒に考える姿勢が必要である。

　中小企業の経営者は後継者不在や自身の年齢や体力・気力の衰えが、事業を継続するう

えで問題となることはだれに言われなくてもわかっている。そして、この先、なんの対策
も打たなければ、廃業もしくは倒産してしまうこともわかっている。わかっていながらも
現実を直視できず、目の前の仕事を以前と同じように継続することを選択してしまう。

いよいよ体力・気力が衰えてしまったり、業績が悪化したりした段階で廃業かM&Aを
決断するのだが、この時点ではM&Aを選択しても実現可能性は低くなってしまう。場合
によっては、債務超過に陥ってしまい、廃業すらできなくなってしまい倒産してしまうこ
ともある。廃業を決断する数年前であればM&Aなど第三者承継の実現可能性があったに
もかかわらず、倒産により自宅を売却せざるを得ない事態もある。

そのため、現時点で後継者不在の中小企業で、経営者が60歳以上ならば、M&Aを目指
すのか、廃業を目指すのか、という選択肢を示しながら、今後の事業計画を策定する支援
が望まれる。

ここで、廃業に代わる選択肢としてM&Aを提案する際には、それぞれのメリット・デ
メリットを把握しておく必要がある。主なメリット・デメリットは以下のとおりである。

	メリット	デメリット
廃業	● 利害関係者に迷惑を掛けない ● 経営のプレッシャーから解放される	● 従業員が職を失う ● 取引先とのネットワークを失う ● 事業の許認可を失う
M&A	● 事業を継続できる ● 自社株を現金化できる ● 従業員の雇用を維持できる ● 個人保証から解放される	● 買い手探しに時間がかかる ● マッチングしない可能性がある ● 専門家の利用に手数料がかかる

支援機関の立場で客観的にみると、（従業員が経営者1名の場合を除いて）M&Aの方
が圧倒的にメリットを感じるものの、当事者である中小企業の経営者はこのようなメリッ
ト・デメリットを正確に認識していないため、M&Aを具体的に検討していないことが多
い。

第4章で述べたとおり、小規模な事業者でもM&Aが成立しているデータなどを提示し
ながら、FPは経営者に本気でM&Aを検討するような支援が望まれる。

(2) 廃業を決断するために M&A の買い手探しを行う

先述したように廃業のタイミングを逸してしまうと、廃業できずに倒産してしまうこと
がある。そのような事態を回避するために、まずM&Aマーケットで買い手探しを行うの
である。たとえば、数カ月〜半年など、あらかじめ期限を設けて探してみて、条件に合う
買い手が見つかれば、M&Aを実行すればよいし、条件に合う買い手が見つからなければ、

買い手探しを中止すればよい。

　買い手が見つからないことを契機として、具体的に廃業の手続に移行すれば、利害関係者に迷惑を掛けずに事業を辞めることができる。

　中小企業のM&Aが成立するか否かは、売りに出してみない限りわからないので、後継者不在の中小企業は、まず売り手側としてM&Aマーケットの反応を見ることが大事である。

(3) M&A 以外の選択肢として事業転換を提案する

　事業転換とは、企業が現在営んでいる事業を廃止もしくは縮小して、別の事業を開始することをいう。後継者不在で廃業も検討している中小企業が取り得る事業転換で多いのは、不動産賃貸業である。

　中小企業者の本社や工場、店舗などの立地に価値がある場合、事業を不動産賃貸業に転換することで収入源を確保できる可能性がある。また、事業を継ぐことができなかった親族でも不動産賃貸業なら継ぐことが可能になることもある。つまり、事業会社から資産管理会社に変更することによって、収入源を確保することができる。

　事業転換を行うには、株主総会特別決議を経て定款を変更して会社の事業目的を改める必要がある。定款変更を行った場合で、変更した内容が登記事項である場合には、登記申請も行う。

(4) 個人成りも検討する

　「個人成り」とは、法人事業を廃止して、同一の事業を個人事業として行うための手続をいう。個人事業から法人化する「法人成り」では、売上が増えて、所得が増えたことに伴う税負担を軽減することが目的の1つである。

　「個人成り」は反対に課税所得の減少に伴い、法人よりも個人事業の方が税負担を軽くできるケースに活用される。また、社会保険について、法人であれば健康保険と厚生年金への加入が義務となっているが、個人事業主の場合は従業員数が5人未満であれば加入義務はないので、社会保険料の負担が軽減するメリットもある。

　このように税金面と社会保険の関係から「個人成り」の是非を検討する。税金については具体的な納税額を試算して判断し、社会保険については従業員数が5人未満か否かが1つの目安である。

　個人成りの手続は、会社の解散・清算手続を行いながら、個人事業主の開業手続を同時並行で行う。

(5) 引退後の生活を具体的に考える

廃業の決断を遅らせる背景の1つに引退後の生活をイメージできないことがある。そこで、実際に廃業して引退した経営者の日々の過ごし方を調べてみると、個々人の資産状況や健康状態に応じて多様な過ごし方がある。「フルタイムでの勤務」が28.2%、「パートタイムでの勤務」が15.6%であり、これらは日々の過ごし方のうち最も力を入れているものの上位2つ(それぞれ27.0%、11.2%)でもある。また、「友人や知人との交流」「運動やスポーツ」「習い事や旅行などの趣味(運動やスポーツを除く)」はそれぞれ19.2%、18.4%、15.2%となっており、余暇を楽しんでいる人が一定割合いる。しかし、理想の過ごし方として回答している割合と比べると、その値は低い〔図表5－5〕。

また、引退後の生活に関する満足度では、46.6%が「満足」と回答している。収入面に関しては48.4%が「不満」と回答しているが、日々の過ごし方やワークライフバランスには満足している方が多い〔図表5－6〕。

FPとして、年金や保険の加入状況、住宅などの不動産の状況、預貯金や有価証券および負債の状況などを把握しながら、今後のライフプランニングを提案することが大事である。

〔図表5－5〕日々の過ごし方と理想の過ごし方(複数回答)

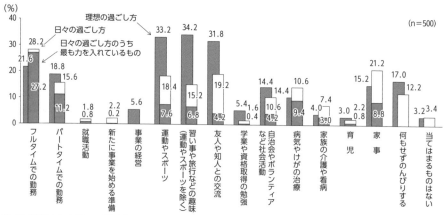

(※)「就職活動」と「新たに事業を始める準備」は理想の過ごし方とは考えにくいため、理想の過ごし方を尋ねる設問では選択肢から除いている。また、本調査は現在事業を経営していない人を対象としているため、日々の過ごし方として「事業の経営」をしている人はいない。
出所:「経営者の引退と廃業に関するアンケート結果」日本政策金融公庫 総合研究所

〔図表 5 − 6〕 現在の生活に関する満足度

(n＝50、単位：%)

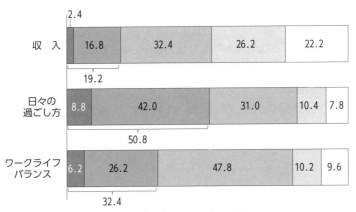

出所：「経営者の引退と廃業に関するアンケート結果」日本政策金融公庫　総合研究所

❸ 廃業支援の政策など

（1）中小企業の事業再生等に関するガイドライン

　中小企業版私的整理手続として、2022年3月に「中小企業の事業再生等に関するガイドライン」が定められた。中小企業の事業再生等に関するガイドラインにある「廃業型私的整理手続」は過大な債務を負っている中小企業の利用に適している。

① **適用対象の中小企業者**

- 過大な債務を負い、既に発生している債務（既存債務）を弁済することができないことまたは近い将来において既存債務を弁済することができないことが確実と見込まれること（中小企業者が法人の場合は債務超過である場合または近い将来において債務超過となることが確実と見込まれる場合を含む）。

- 円滑かつ計画的な廃業を行うことにより、中小企業者の従業員に転職の機会を確保できる可能性があり、経営者等においても経営者保証に関するガイドラインを活用する等して、創業や就業等の再スタートの可能性があるなど、早期廃業の合理性が認められること。
- 中小企業者が対象債権者に対して中小企業者の経営状況や財産状況に関する経営情報等を適時適切かつ誠実に開示していること。
- 中小企業者および中小企業者の主たる債務を保証する保証人が反社会的勢力またはそれと関係のある者ではなく、そのおそれもないこと。

② 弁済計画案の立案

中小企業者は、自らまたは外部専門家から支援を受ける等して、相当の期間内に、廃業に向けて資産の換価等必要な対策を立案し、弁済計画案を作成する。

③ 弁済計画案の調査報告

中小企業者は、外部専門家とともに、第三者支援専門家を選定する。第三者支援専門家は、債務者である中小企業者および対象債権者から独立して公平な立場で弁済計画案の内容の相当性および実行可能性等について調査し、調査報告書を作成のうえ、対象債権者に提出し報告する。

④ 債権者会議の開催と弁済計画の成立

中小企業者により弁済計画案が作成された後、中小企業者、主要債権者および第三者支援専門家が協力のうえ、原則としてすべての対象債権者による債権者会議を開催する。

すべての対象債権者が、弁済計画案について同意し、第三者支援専門家がその旨を文書等により確認した時点で弁済計画は成立し、中小企業者は弁済計画を実行する義務を負担し、対象債権者の権利は、成立した弁済計画の定めによって変更され、対象債権者は、債務減免等など弁済計画の定めに従った処理をする。

中小企業の事業再生等に関するガイドラインの活用により、過大な債務を負った企業の廃業手続が円滑に行われることが期待される。

(2) 廃業コスト負担への対応（自主廃業支援保証等）

設備を廃業する等のコストも、企業にとって大きな負担である。廃業コストに対して、信用保証協会では、事業譲渡や経営者交代などによる事業継続が見込めず、自ら廃業を選択する事業者に対して、廃業計画を策定しその実施に必要な資金について支援する「自主廃業支援保証」を取り扱っている。

また、一部の民間金融機関では廃業を支援するための特別なローンを取り扱っていると

ころもある。当該ローンは、先行き不透明な経営環境下で今後の事業展望が描きづらく、業績不振からの脱却が困難であると判断せざるを得ない企業や、後継者不在等で事業承継対策ができない企業に対し、廃業に至るまでの事業資金を融資するものである。

さらに、中小企業活性化協議会では、事業再生に取り組んだものの、事業再生が困難と見込まれた事業者に対し専門家を紹介し、円滑な廃業を支援する再チャレンジ支援を行っている。

(3) 小規模企業共済制度

今後高齢で引退し、引退後は職には就かないという経営者が増加していくなかで、引退した経営者の安心できる生活基盤の確保は重要な課題である。

この課題に対しては、小規模企業経営者向けの退職金制度である「小規模企業共済制度」がある。同制度は、小規模企業において、廃業や共同経営者の退任、会社等の解散等の場合において、経営者が第一線を退いたときの生活資金をあらかじめ準備しておくための共済制度である。

独立行政法人中小企業基盤整備機構が運営しており、同制度に加入後6カ月以上経過し、加入者に上記のような事態が生じた場合に、掛金の額と納付月数に応じて、共済金が支払われる。

(4) 廃業に係る相談窓口

廃業を含む、さまざまな経営課題に関する相談に対応するワンストップ相談窓口として、中小企業庁が各都道府県に「よろず支援拠点」を設置している。また、商工会議所や都道府県商工会連合会が「経営安定特別相談室」を設置し、廃業を検討する事業者に対して士業等専門家が各種法的手続に関するアドバイスを行っている。加えて、事業承継・引継ぎ支援センターでは、廃業の選択肢しかないと考えている相談者に対して、M&Aや経営資源引継ぎの可能性を探るほか、これらが困難と見込まれる場合には廃業についての相談対応を行っている。

また、廃業するにあたって、これまで事業を営むうえで利用されていた設備等を処分することが考えられるが、これらの設備等は、高い技術力や取引先との人脈・商流、従業員や許認可など、ほかの要素と併せて評価することで、経営資源として引継ぎの対象となり得る。このため、廃業予定の経営者にとって自明であるがゆえに気づきにくい魅力を発掘するという意味でも、早期に支援機関へ相談することが望ましい。

語句索引

memo

memo